教育部人文社会科学研究般项目（23YJC630039）

Research on Inventory Management of

Reusable Logistics Containers

可复用物流容器
库存管理研究

范湘香◎著

中国经济出版社
CHINA ECONOMIC PUBLISHING HOUSE
·北 京·

图书在版编目（CIP）数据

可复用物流容器库存管理研究 / 范湘香著 . --北京 ：中国经济出版社，2025. 5. -- ISBN 978-7-5136-8157-5

Ⅰ. F252；TB48

中国国家版本馆 CIP 数据核字第 2025TX2536 号

策划编辑　崔姜薇
责任编辑　张　博
责任印制　李　伟
封面设计　任燕飞装帧设计工作室

出版发行　中国经济出版社
印 刷 者　北京艾普海德印刷有限公司
经 销 者　各地新华书店
开　　本　710mm×1000mm　1/16
印　　张　9. 75
字　　数　150 千字
版　　次　2025 年 5 月第 1 版
印　　次　2025 年 5 月第 1 次
定　　价　88. 00 元
广告经营许可证　京西工商广字第 8179 号

中国经济出版社 **网址** http://epc. sinopec. com/epc/ **社址** 北京市东城区安定门外大街 58 号 **邮编** 100011
本版图书如存在印装质量问题，请与本社销售中心联系调换（联系电话：010-57512564）

前言

preface

可复用物流容器是指可以在运输过程中多次使用的可回收的物流包装，有节省包装材料、促进包装和流程标准化以及减少 CO_2 的排放等优点。在可复用物流容器的使用过程中，容器丢失率高是企业面临的一大问题。容器短缺会导致产品物流与容器物流之间的不协调，进而影响企业运作的连续性。本书假设零售商可以通过对员工培训的投资或者通过增加容器回收努力来降低可复用物流容器的丢失率。本书研究了零售商增加投资用于降低容器丢失率或增加其回收努力对供应链绩效的影响，讨论了如何有效地激励零售商投资用于降低容器的丢失率以实现系统协调。

首先，针对由单个供应商和单个零售商组成的供应链，研究了考虑零售商投资用于降低可复用物流容器丢失率情况下的可复用物流容器供应链的库存优化决策问题，分别建立了考虑零售商投资用于降低可复用物流容器丢失率和不考虑零售商投资情况下的可复用物流容器供应链的总成本模型，比较了两种情况下系统最优总成本。本书考虑供应商提供旁支付作为激励，促进零售商投资用于降低容器丢失率，建立了考虑投资成本分担的非对称纳什议价模型，对模型进行求解，确定了最优投资成本分担比例。比较了供应商和零售商的最优总成本，结果表明，供应商提供旁支付时系统可以实现协调，供应商和零售商的最优总成本都降低了。

其次，针对由单个供应商和多个零售商组成的供应链，研究了考虑多个零售商投资用于降低可复用物流容器丢失率情况下的可复用物流容器供应链的库存优化决策问题。基于 Mathematica 设计了一个迭代程序对总成本进行优化。比较了零售商投资时的系统总成本和零售商不投资时的系统总成本，结果表明零售商投资用于降低容器丢失率时，系统总成本降低了，零售商每周期丢失的可复用物流容器的数量和供应商的新容器补货频率都低于零售商不投资时的情况。

再次，研究了考虑零售商投入额外回收努力的可复用物流容器的库存管理问题。分别建立了考虑零售商投入额外回收努力用于降低可复用物流容器丢失率和不考虑零售商投入额外回收努力两种情况下的库存模型，并比较了两种情况下的系统最优总成本。结果表明，零售商的额外回收努力可以降低系统成本，缩短容器周转时间，降低新容器补货频率。

最后，研究了容器返回连续情况下，考虑零售商投入额外回收努力的可复用物流容器的库存管理问题。研究了容器返回连续情况下，可复用物流容器的购买周期、检查周期以及零售商为降低容器丢失率付出的回收努力水平的最优决策问题。分别建立了考虑零售商投入额外回收努力用于降低可复用物流容器丢失率和不考虑零售商投入额外回收努力两种情况下的库存模型，并比较了两种情况下的系统最优总成本。通过算例分析了主要参数对总成本、容器购买周期和检查周期的影响。

目 录

contents

第 1 章

绪 论

1.1 研究背景

本书的研究来源于导师徐贤浩教授主持的国家自然科学基金项目：信用期限制条件下具有资金约束的库存管理优化模型研究(71471071)，基于大数据驱动的在线零售商的物流管理与决策的理论和方法研究(71620107002)，紧致化仓储系统的优化管理与控制的理论与方法研究(71131004)。

政策法规、消费者偏好的变化和公众环保意识的提高促使许多公司关注可持续性发展问题，全球对环境责任的认识促使企业考察物流策略对环境的影响。Van Hoek 等[1]讨论了企业通过改进物流和供应链管理的管理减少其生态足迹可以采用的多种方式。减少包装浪费是他提到的一大领域，减少在生产和分销过程中材料的使用是提高公司的可持续性的一种方法。由于物流是包装需求的主要驱动因素之一，企业可以发展更环保的物流运作，以减少包装废物。使用可复用物流容器(RTI)可以减少一次性包装材料的使用，对于建立可持续的供应链和减少对环境的影响十分有利。研究表明，在容器的生命周期中，使用可复用物流容器比使用一次性容器产生的 CO_2 排放低 75%[2]。

可复用物流容器是指在运输过程中可以多次使用的可回收的物流包装[3]。可复用物流容器包括桶、托盘、滚笼、手推车和可再装液体或气体容器等包装类型。两大趋势推动了可复用物流容器的使用[3]。第一个趋势是 20 世纪 80 年代的准时制(JIT)生产趋势，通过减少库存天数，同时最小化系统所需的可重复使用容器的数量来实现。第二个趋势是 20 世纪 90 年代对供应链管理的重视，供应链管理要求供应链中每个企业只执行具有核心竞争力的增值活动，将其他活动外包出去，强调通过整合和供应链协调来优化供应链整体的利益，而不是每个公司为了自己的利益而对系统的局部进行优化。这一趋势使得企业对第三方物流的依赖日益增强。正是在这两种力量的共同推动下，可复用物流容器被越来越多的企业采用，从而得到了广泛的应用。汽车行业是使用可复用包装的最重要行业之一。20 世纪 90 年代，随着购买瓦楞纸箱并对其进行后期填埋的价格飙升，大型汽车制造商认识到可复用包装的好处，他们越来越多地使用金属架、塑料托盘、箱子和板条箱向装配线运送零件。可重复使用的包装系统为整个汽车供应链节省了采购和处理成本。随着可重复使用的包装系统的好处凸显，它们逐步被二、三级供应商采用。

可复用物流容器用于货物的包装，可以将货物集合成一个货物单元，使这些货物以单元化的方式在供应链中流转，使供应链的成员可以共享物流包装，从而提高整个物流作业系统的效率。货物单元作为一个整体，在供应链的各个节点中保持不变，避免了中途反复倒换托盘或料箱，降低了人力成本，减少了货物的损坏。

在供应链的各个环节使用可复用物流容器可以产生诸多好处，包括节省包装材料、保护产品、降低零件损坏的风险、提高产品空间利用率以更好地利用存储空间、促进包装和流程标准化、减少 CO_2 的排放等[4,5]。而在实际使用过程中，可复用物流容器的丢失和破损是企业面临的一个重要问题。Mason[6]等指出天然气行业包装气瓶的年损耗在 10%～15%，Ilic 等[7]指出托盘的年损失率约为 10%。没有及时返回的可复用物流容器可能被损坏、放错了位置或者是被偷盗。造成容器丢失率高的原因有很多，比如企业对可复用物流容器管理重视不够，对容器回收投入的努力不足等。可复用物流容器不能及时返回可能造成缺少空容器的情况，导致企业不能及时把货物装运出库，进而影响到企业的声誉[8]。只有当可复用物流容器的物流过程和产品的物流过程实现协调时，才能充分体现使用可复用物流容器的好处。

可复用物流容器的物流过程大致如下：当满载的可复用物流容器到达容器的接收方(即模型中的零售商)，容器将被清空并送回到发送方(即模型中的供应商)。容器可能在返回前由容器接收方进行清洗、修理或更换，或者在返回后由容器发送方进行清洗、修理或更换。

1.2 问题的提出与研究意义

1.2.1 问题的提出

可复用物流容器的研究属于闭环供应链研究的一个分支。闭环供应链管理的研究大多专注于原材料、中间产品和产成品的物流过程，而对于在供应链中用于运输产品的可复用物流容器的研究还未引起广泛的关注。目前，可复用物流容器的库存策略和可复用物流容器的供应链协调已经得到一些学者的研究。一些文献(Ilic et al.，2009；Thoroe et al.，2009；Kim and Glock，2014)研究了使用射频识别(Radio Frequency Identification，RFID)①对可复用物流容器管理的影响。RFID技术用于可复用物流容器，可以增强容器的可见性，进而可以降低容器的丢失率。一些文献(Uçkun，2008；Dey and Giri，2014；Gao et al.，2016；Datta，2017)研究了投资用于提高生产过程中产品质量和减少缺陷产品对于企业运营的影响。还有一些文献(Ferguson，2006；Huang，2011)研究了无缺陷退货供应链的协调问题，假设增加零售商的努力可以减少无缺陷退货。投资用于降低可复用物流容器丢失率以及增加零售商的回收努力对于可复用物流容器的库存管理的影响还未有相关研究，因此本书研究了采用不同措施(投资用于培训员

① 其原理为阅读器与标签之间进行非接触式的数据通信，达到识别目标的目的。

工关于容器管理的方法和流程、增加零售商的容器回收努力）用于降低可复用物流容器丢失率情况下的可复用物流容器的库存管理问题。

本书假设容器的检查及维修工作由容器发送方即供应商来承担，我们分别考虑了由单个供应商和单个零售商组成的供应链以及由单个供应商和多个零售商组成的供应链。由于空容器放置混乱导致使用时难以找到，以及未安排人员及时收集空容器导致容器返回延迟，容器接收方返回的空容器数量少于容器发送方发送给接收方的容器数量。返回率低以及返回不及时都会给企业运营的顺畅带来不利影响。当零售商增加其回收努力或增加投资用于培训员工关于容器管理的方法和流程时，可复用物流容器的丢失率会降低。关于采用不同措施用于降低可复用物流容器丢失率时，可复用物流容器供应链的绩效如何发生变化，以及如何有效地激励零售商提高回收努力水平或投资用于降低容器的丢失率，如何有效地管理可复用物流容器，协调物流容器的物流过程与产品的物流过程，为企业管理可复用物流容器建立决策支持模型是一个值得研究的课题。

基于以上背景，本书着眼于可复用物流容器的研究，为该系统建立库存模型，从供应链角度研究可复用物流容器库存管理的优化，以及研究可复用物流容器回收逆向物流中，如何激励容器接收方投资或投入更多的回收努力来降低容器丢失率，达到供应链协调。

1.2.2 研究意义

可复用物流容器使用过程中，丢失率高是困扰企业的一大问题。本书研究采用不同措施（投资用于培训员工关于容器管理的方法和流程、增加零售商的容器回收努力）用于降低可复用物流容器丢失率情况下的可复用物流容器的库存管理问题。本书所进行的研究具体意义如下：

（1）理论意义

有关可复用物流容器的研究，近几年才得到一些学者的关注，在已有的相关文献中，大量的文献研究了可复用物流容器的定位问题，有些学者比较了不同的物流包装系统，比如一次性包装和可重复使用的包装。一些学者考虑了容器的返回时间以及容器返回数量，对可复用物流容器的返回进行了预测。还有学者研究了新容器的购买决策问题。现有的研究未涉及考虑容器接收方投入额外回收努力或资金用于降低容器丢失率的情况下，可复用物流容器的库存管理问题。本书计划研究当零售商投入额外努力或资金用于降低容器丢失率时，可复用物流容器的库存管理问题。

现有的研究未涉及可复用物流容器回收逆向物流中，如何激励容器接收方投资用于降低容器丢失率，达到供应链协调。本书计划研究考虑零售商投资用于降低容器丢失率情况下，供应商如何激励零售商投资用于降低容器丢失损坏率，以实现供应链协调。

(2)现实意义

可复用物流容器在实际应用过程中仍有许多尚未解决和有待提高的地方。研究考虑容器接收方投入额外努力或资金降低容器丢失率的情况下，可复用物流容器的库存管理问题，可以为管理者提供一定的借鉴和决策支持，有助于企业在管理可复用物流容器时，合理安排容器检查时间，确定新容器购买周期、容器周转时间和容器接收方用于降低可复用物流容器丢失率的投资以及最优回收努力水平。

研究考虑容器接收方投资用于降低容器丢失率的情况下的可复用物流容器供应链的协调问题，有助于管理者制定合理的激励措施，促进容器接收方投资用于降低容器丢失率，从而提高系统效率。

1.3 本书的主要结构与研究方法

1.3.1 本书的主要结构

本书包括七章内容，其具体的内容如下：

第 1 章主要介绍了本书的研究背景、研究意义、主要结构与研究方法，提出了研究问题并阐述了本书的主要创新点。

第 2 章回顾总结了与本书相关的四个方面的研究内容：可复用物流容器管理研究、投资减少不完善的生产和不准确的库存、联合经济批量模型和供应链利益分配。对上述研究内容的国内外文献进行了系统的归纳总结，明确了本书的主要研究内容。

第 3 章研究了考虑零售商投资用于降低丢失率可复用物流容器库存管理的情况。针对由单个供应商和单个零售商组成的供应链，本书研究了考虑零售商投资用于降低可复用物流容器丢失率情况下的可复用物流容器供应链的总成本模型，研究了可复用物流容器的订购次数、零售商投资后可复用物流容器的丢失率、每周期零售商收到的可复用物流容器的数量的最优决策问题。首先建立了考虑零售商用于降低可复用物流容器丢失率的投资情况下可复用物流容器供应链的总成本模型。其次建立了不考虑零售商投资情况下的可复用物流容器供应链的总成本模型，比较了两种情况下系统最优总成本。最后分析了考虑零售商用于降低可复用物流容器丢失率的投资情况下的可复用物流容器供应链的总成本模型中的旁支付与利益分配问题。

第 4 章研究了考虑单供应商多零售商供应链情况下可复用物流容器库存管理情况。针对由单个供应商和多个零售商组成的供应链，本书研究了与可复用物流容器的使用相关的库存模型，为最小化系统总成本，平衡容器物流，我们假设零售商可以投资用于员工培训，以降低可复用物流容器的丢失率。我们为系统建立了一个库存模型，利用 Mathematica 设计了一个迭代过程来最小化总成本，并与零售商不投资的情况进行了比较。

第 5 章研究了考虑零售商回收努力的可复用物流容器库存管理问题。本章研究了考虑零售商投入额外回收努力的可复用物流容器总成本模型。研究了可复用物流容器的订购次数、零售商为降低容器丢失率付出的努力、可复用物流容器从供应商到零售商的循环周期的最优决策问题。分别建立了考虑零售商投入额外努力用于降低可复用物流容器丢失率和不考虑零售商投入额外努力两种情况下系统的总成本模型，并比较了两种情况下的系统最优总成本。

第 6 章研究了考虑容器返回连续情况下可复用物流容器的库存管理。研究了可复用物流容器的购买周期、零售商为降低容器丢失率付出的努力、可复用物流容器的检查周期的最优决策问题。分别建立了考虑零售商投入额外努力用于降低可复用物流容器丢失率和不考虑零售商投入额外努力两种情况下系统的总成本模型，并比较了两种情况下的系统最优总成本。数值实验部分分析了主要参数对总成本以及容器购买周期和检查周期的影响。

第 7 章总结了本书主要的研究内容，展望了未来的研究问题和方向。

本书的总体结构如图 1-1 所示。

1.3.2 研究方法

(1)联合经济批量模型

本书在研究可复用物流容器管理的过程中，建立了系统的总成本模型，将联合经济批量模型作为模型的原型。

(2)供应链契约理论

本书在研究可复用物流容器管理的过程中，考虑了零售商投入努力或资金用于降低可复用物流容器丢失率的情形，探讨了如何激励零售商投入努力或资金用于降低可复用物流容器丢失率，从而优化系统总成本。这部分的研究运用供应链契约理论来分析可复用物流容器供应链利益分配问题。

(3)凸优化理论

本书对考虑零售商投入努力或资金降低可复用物流容器的丢失率情况

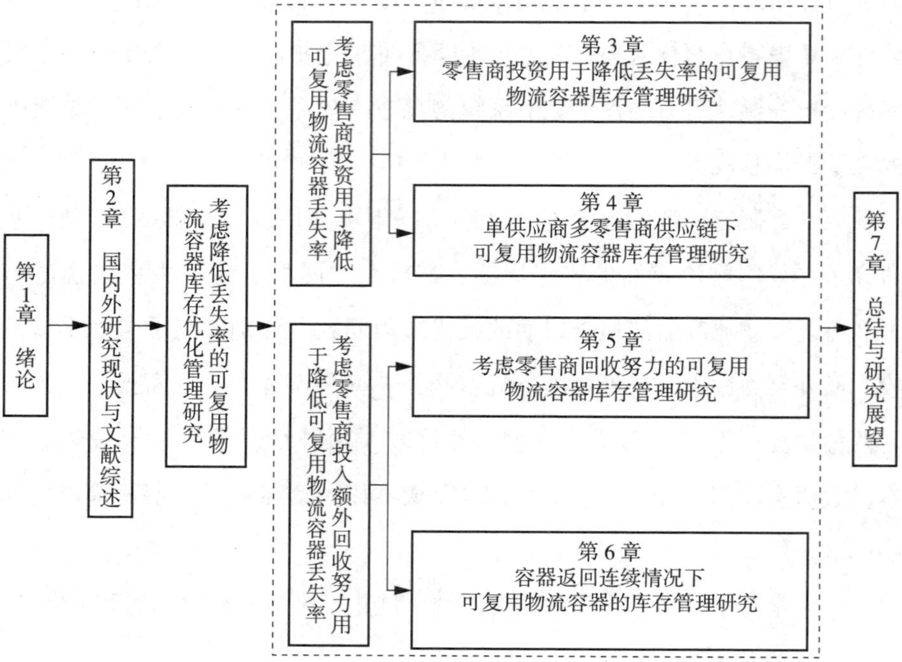

图 1-1　本书总体结构

下的总成本函数进行优化时，应用了凸优化理论对模型进行求解。

(4)灵敏度分析

在数值实验部分，我们采用灵敏度分析方法对模型结果进行了分析，分析了系统主要参数对系统总成本的影响。

1.4　本书的主要创新点

本书主要研究了可复用物流容器的库存管理问题，所提出的模型和结果可以降低可复用物流容器供应链的总成本，为容器管理者提供一些理论依据和决策支持。本书的主要创新点如下：

(1)在可复用物流容器库存管理的模型中引入可复用物流容器丢失率，将其作为决策变量，研究可复用物流容器的丢失率对于系统总成本的影响。

可复用物流容器的库存策略和可复用物流容器的供应链协调已经得到一些学者的研究。一些文献研究使用 RFID 对于可复用物流容器管理的影响。RFID 技术用于可复用物流容器，可以增强容器使用过程中的可见性，进而降低容器的丢失率。一些文献研究了投资用于提高生产过程的质量和减少缺陷产品对于企业运营的影响。可复用物流容器丢失率高是影响企业容器管理的一个重要问题。现有的研究未涉及零售商投资用于降低可复用物流容器丢失率对于可复用物流容器管理的影响。因此本书在可复用物流容器库存管理的模型中引入可复用物流容器丢失率，研究了考虑零售商投资用于降低可复用物流容器丢失率情况下的可复用物流容器供应链的库存优化决策问题，分别建立了考虑零售商投资用于降低可复用物流容器丢失率和不考虑零售商投资情况下的可复用物流容器供应链的总成本模型，比较了两种情况下系统最优总成本。本书考虑供应商提供旁支付作为激励，促进零售商投资用于降低容器丢失率和协调供应链，建立了考虑投资成本分担的非对称纳什议价模型，对模型进行求解，确定了最优投资成本分担比例。我们比较了制造商和零售商的最优总成本，结果表明，供应商提供旁支付时系统可以实现协调，供应商和零售商的最优总成本都降低了。

(2)在由单个供应商和多个零售商组成的供应链下的可复用物流容器库存管理的模型中引入可复用物流容器丢失率，将其作为决策变量，研究可复用物流容器的丢失率对于由单个供应商和多个零售商组成的供应链的系统总成本的影响。

现有的由单个供应商和多个零售商组成的供应链的可复用物流容器库存管理的研究中未涉及多个零售商投资用于降低可复用物流容器丢失率对可复用物流容器管理的影响。因此，本书在由单个供应商和多个零售商组成的供应链可复用物流容器库存管理的模型中引入可复用物流容器丢失率，研究了考虑多个零售商投资用于降低可复用物流容器丢失率情况下的可复用物流容器供应链的库存优化决策问题。建立了系统总成本模型，基于 Mathematica 设计了一个迭代程序对总成本进行优化。比较了零售商投资时系统总成本和零售商不投资时的系统总成本，结果表明，当零售商投资用于降低容器丢失率时，系统总成本降低了，零售商每周期收到的可复用物流容器的数量和供应商的新容器补货频率都低于零售商不投资时的情况。当零售商需求较低时，零售商不会投资用于降低容器丢失率。

(3)在可复用物流容器库存管理的模型中引入零售商容器回收努力水平，将其作为决策变量，研究零售商容器回收努力水平对系统总成本的影响。

一些文献研究了可复用物流容器管理的库存管理问题，一些文献研究了无缺陷退货供应链的协调问题，假设提高零售商的努力水平可以减少无缺陷退货，但现有的研究未涉及零售商增加容器回收努力对于可复用物流容器库存管理的影响。因此本书在可复用物流容器库存管理的模型中引入零售商容器回收努力水平，研究了考虑零售商投入额外回收努力的可复用物流容器的库存管理问题，结果表明，零售商的额外回收努力可以降低系统成本，缩短容器周转时间，降低新容器补货频率。

(4)容器返回连续情况下，在可复用物流容器库存管理的模型中引入零售商容器回收努力水平，将其作为决策变量，研究零售商容器回收努力水平对于库存策略的影响。

现有的容器返回连续情况下，可复用物流容器库存管理的模型中未考虑零售商投入额外回收努力对于可复用物流容器管理的影响。因此，本书引入零售商容器回收努力水平，研究了容器返回连续情况下，考虑零售商投入额外回收努力的可复用物流容器的库存管理问题，可复用物流容器的购买周期、检查周期以及零售商为降低容器丢失率付出的回收努力水平的最优决策问题。分别建立了考虑零售商投入额外回收努力用于降低可复用物流容器丢失率和不考虑零售商投入额外回收努力两种情况下的库存模型，并比较了两种情况下的系统最优总成本。通过算例分析了主要参数对总成本、容器购买周期和检查周期的影响。

第 2 章

国内外研究现状与文献综述

可复用物流容器管理的研究属于闭环供应链管理的分支。有关闭环供应链管理的研究大多关注于原材料、半成品和产成品的物流管理。Govindan 等[10]对近 10 年来发表的逆向物流和闭环供应链方面的文章进行了全面的回顾。有关物流包装容器的研究近几年才得到一些学者的关注。Carrasco-Gallego 等[11]基于“可重用”的文献提出了可重用物品的定义，并将不同类型的物品(比如运输包装、包装材料、工具)列为同一类型，统称为可重用物品。他们的定义列出了可重用物品与其他类型的回收(如再制造或回收)的差别，指出了这些物品的具体研究需求。Glock[9]对涉及可复用物流容器的闭环供应链管理的决策支持模型方面的文献系统性地进行了综述。针对本书的研究问题，本章将从以下四个方面进行文献综述。

2.1 可复用物流容器管理研究

2.1.1 包装容器系统的选择

2006 年以来，可复用物流容器的相关研究逐渐增多。最初的研究集中在包装系统的选择方面。当企业决定采用可复用物流容器时，它们需要先评估可复用物流容器是否对它们的运作有利。比起一次性的包装材料，可复用物流容器降低了反复购买的成本，但是它需要更高的初始投资，而且空容器的回收会产生额外的管理成本。即使从环境的角度考虑，远距离的空容器回收以及可循环使用的物流容器所需要的生产材料都可能使一次性的包装材料比可复用物流容器更适合于企业。因此，企业在考虑采用可复用物流容器之前应该从经济和环境性能角度进行仔细的评估。一些学者采用案例分析的方法对可复用物流容器的应用情况进行了研究，选取有代表性的典型企业应用案例，描述可复用物流容器目前的应用状况，比较了不同的企业实践对可复用物流容器管理的影响。仿真模型可以真实、准确地反映包装容器系统的运行情况。还有一些学者采用了案例分析和仿真相结合的方法对包装容器的选择问题进行了研究。

Twede 和 Clarke[12]采用案例研究比较了可复用物流容器在美国的汽车业与英国超市业的使用情况，说明了物流和包装因素是如何影响可复用物流容器系统的成本的。Mollenkopf 等[13]建立了仿真模型用于比较两种包装容器系统（采用一次性包装容器的系统和采用可复用物流容器的包装容器系统）。他们构造了各个系统的总成本函数来计算系统的总运营成本。Cordeau[14]等构建了离散事件仿真模型来比较三种不同的包装容器系统，他们为每种系统构建了成本函数，然后采用优化方法来计算每种系统所需的最优容器数量和最小的运营成本。这个仿真模型有助于管理者针对特定的管理情景选择最优的包装容器系统。Roy 等[15]研究了推式和拉式库存控制策略下，两种托盘系统（购买托盘、租用托盘）的成本模型。Grimes-Casey 等[16]提出一个博弈论模型来帮助企业分析选择一次性容器还是可回收的容器。他们的研究表明只有顾客处容器的返回率足够高时，企业才有动力采用可回收的容器。Menesatti 等[17]比较了花卉种植行业采用一次性包装容器和可重复利用的容器两种情形，他们建立了一个由单个制造商、分销中心和多个顾客组成的闭环供应链，采用净现值的方法计算系统的运营成本和投资成本。他们通过案例进行成本参数估计，通过仿真分析在实际情况下应该使用哪种容器系统。Guzman-Siller[18]研究了食品零售商对可重复使用的托盘系统的决策问题，采用定性研究方法对 13 个食品杂货企业进行案例研究，对使用托盘租赁和回收系统的美国零售商和参与加拿大食品杂货行业的通用托盘系统的加拿大零售商进行了比较。研究发现，食品杂货零售商更愿意与多个托盘供应商合作，以降低成本。零售商的经营导向对托盘的选择有很大的影响。成本导向的零售商更有可能接受任何类型的托盘，并依靠第三方来管理他们的托盘。以速度为导向的零售商使用叉车来加速作业，更倾向于使用高质量的托盘。他们在租用托盘和自有托盘之间寻求平衡，避免受制于强大的托盘供应商，从自有托盘的反复使用中产生收益用于抵销与托盘相关的成本。Levi 等[19]构建了一个模型用于比较水果和蔬菜在分销过程中一次性包装容器和可重复使用的包装容器系统。同时考虑了两种系统中，在容器使用的整个生命周期中的成本和环境问题。Goudenege 等[20]为一个由制造商、单一仓库和多个零售商组成的供应链建立了模型。这个模型考虑了不同类型的可复用物流容器的投资成本、容器由仓库运输到零售商店的成本，以及不同类型可复用物流容器使用和运输过程中 CO_2 的排放。该模型可用于评估不同类型的可复用物流容器的使用，例如可重复使用的塑料容器和纸箱，以及协调可复用物流容器和成品的物流活动。

2.1.2 可复用物流容器管理模式选择研究

Mazeika Bilbao 等[21]从托盘生命周期角度，考虑从原材料到生产、使用、运输再到报废处置的过程，研究了不同的托盘系统的环境影响和成本问题。他们建立了一个线性多商品网络流模型，同时考虑系统托盘的成本和环境影响。在环境影响方面，考虑了托盘生命周期所需的能源、排放的有毒物质以及温室气体排放。模型还考虑了某些托盘管理系统需要的托盘是由某一特定的材料组成，这限制了可选的托盘管理体系。模型有助于选择合适的托盘管理体系以及确定托盘的材质。Carrano 等[22]构建了一个模型来评估三种不同的托盘管理策略(一次性的托盘、购买的托盘、租用的托盘)对环境的影响。他们用托盘整个生命周期中的二氧化碳排放量来衡量每个托盘系统的环境影响。结果表明，没有一个托盘管理战略明显优于另外两个，托盘管理策略的选择需要根据具体的情况决定。Palsson 等[23]构建了一个模型用于评价沃尔沃的两种包装系统的绩效。用于评估包装系统的标准是包装填充率、包装材料、运输、材料处理、废物处理和管理费用。评价模型同时考虑了包装系统的成本和对环境的影响。Sarkar 等[24]建立了由单个供应商、多个零售商和第三方物流组成的多级闭环供应链模型，考虑了可复用物流容器、再制造以及运输的环境影响。模型的目标是研究运输成本和碳排放成本对再制造的影响，以及对多级闭环供应链中可复用物流容器的最佳管理政策提出建议。通过同时优化容器容量、所需容器的数量、零售商的装运顺序、容器循环周期和再制造率实现了总成本最小化。Doungpattra 等[25]研究了降低宠物食品制造商租用的托盘成本的不同管理方案，建立了计算机仿真模型，分析了托盘在工厂、分包商和配送中心的物流，将排队等待时间和托盘数量作为系统的绩效指标。分析表明，当配送中心库存过多时，滞销产品占用租赁托盘很长时间会引发问题，他们提出了两种管理方案来解决这些问题。

2.1.3 可复用物流容器系统的管理

企业建立了可复用物流容器系统之后，需要对系统进行管理。空容器的回收会影响企业的生产和物流功能，可复用物流容器系统的相关活动包括空容器调度、回收、清洁、维修以及更换损坏或丢失的可复用物流容器。产成品和物流容器之间存在相互依赖的关系给可复用物流容器系统的协调带来了难度。

2.1.3.1 可复用物流容器综合管理研究

第一个为可复用物流容器闭环供应链构建模型的是 Castillo 和 Cochran[26]。他们为采用可重复使用的饮料瓶的软饮料制造商的生产和分销活动建立了一个模型，研究产成品物流和可复用物流容器的物流过程的协调问题。他们首先建立了线性规划的模型用于确定系统的主生产计划，其次采用仿真模型对主生产计划进行了优化，最后使用案例研究收集的数据对模型进行了说明。Kroon 和 Vrijens[27]研究了一个由可复用物流容器代理商协调整个系统的闭环供应链，其中可复用物流容器服务提供商负责容器的收集，以及按照供应链成员的需要进行容器的分派。考虑了系统所需的容器数量，可复用物流容器仓库的数量和位置，容器的分配、收集和安置问题，服务的规模以及容器分配费用和容器收集费用的问题。Chew 等[28]开发了一套能在 Microsoft Excel 中实现的绩效指标，包括库存周转率、容器的持续时间、平均日利用率和利用率的标准偏差，用于监督和控制可复用物流容器在供应链中的部署，作为可复用物流容器管理的决策支持工具。这些指标使决策者能够预测系统中可复用物流容器的适当水平，以及采取修正措施并调整可复用物流容器库存以满足客户的需求。Tsiliyannis[29]为一个采用可复用物流容器来运输产品的闭环供应链建立了模型。首先他用平衡方程式描述了系统的物流活动，其次制定了考虑顾客的总体消费流量、废弃的包装材料、产品的可重用性以及消费者的实际回收利用行为的绩效评估体系来评估系统的环境绩效。该模型有助于比较不同可复用物流容器系统的环境性能。Atamer 等[30]研究了由单个制造商和多个客户组成的供应链。制造商使用可复用物流容器转运产品，向客户提供随机需求的单一产品。制造商有两种供货选择：使用客户返回的可复用物流容器，或者使用全新的可复用物流容器。假设可复用物流容器的返回数量取决于客户需求和制造商制定的可复用物流容器收购费用，新可复用物流容器的单位生产成本与回收的可复用物流容器的成本是不同的，两者是可替换的。在此背景下，确定了使用可复用物流容器的最佳收购费用和新可复用物流容器的最优产量，以最大化买方的利润。Bottani 等[31]研究了由一个制造商和多个零售商组成的供应链，制造商使用可复用物流容器运输产品。假定可复用物流容器的返回具有很高的变异性，并且在运输过程中可能会损坏可复用物流容器。他们用 Excel 建立了一个供应链仿真模型，用于帮助管理者决定何时何地订购可复用物流容器。模型中考虑了三种订购情况：①从零售商处获取可复用物流容器，假定该零售商有足够的可复用物流容器；②在可复用物流容器服务供应商处订购新的可复用物流容器；③紧急订购可复用物流容器服务供应商的新可复用物流容器。可复用容器的紧急订单比常规订单要快，但也会导致每个可复用物流容器的成本增加。Mashaei 和 Lennartson[32]研究了一种用托盘(可复用物流容器)输送多种产品的流水线。当产品通过了最终的生产阶段，托盘就会返回到第一个生产阶段，以便重新使用。假设一种托盘用于不同类型的产品，每个托盘只能容纳一个产品。通过确定给定的周期时间内系统中托盘的数量、托盘输送机的速度以及可用的机器模式最小化系统的能耗。Ni 等[33]为一个托盘(可复用物流容器)共用系统建立了协调模型。该系统由托盘供应商、托盘中心和客户组成。托盘供应商负责生产新托盘，修理用过的托盘，以及处理不可修复的托盘。托盘中心为客户提供托盘，并从客户那里收回托盘。模型的目的是协调系统的托盘物流，即从托盘中心流向客户的托盘数量，从托盘中心到托盘制造商的数量等，并最小化系统的总成本，随后利用遗传算法对模型进行了求解。Elia 和 Gnoni[34]建立了一个离散事件仿真模型以支持闭环系统的可复用物流容器管理，考虑了由生产商、物流服务供应商和客户组成的系统，采用现实系统的观察数据用于建立托盘流的流程模型，将流程模型用于建立仿真模型，该模型跟踪每个 SKU① 的总卸载时间、每个 SKU 的总选择队列、托盘的总购买成本。Choong 等[35]分析了计划周期长度对多式联运网络的空集装箱管理的影响。采用整数规划最小化与移动空容器相关的总成本，满足装运货物的要求。Duhaime 等[36]分析了加拿大邮政和它的大客户之间的可复用物流容器的共享问题，使用了一个最小成本流模

① SKU(最小存货单位)，全称为 Stock Keeping Unit，即库存进出计量的基本单元，可以以件、盒、托盘等为单位。

型以解决供应地点和需求地点之间的库存不平衡问题，从而确保公司有足够的容器来满足需求。通过更好的计划和控制库存，加拿大邮政可以防止供需之间的不平衡。Vlassak[37]研究探讨了利益相关者之间的合作对花卉产业中可复用物流容器管理系统再造的影响，根据不同的供应链结构和小车类型建立了不同的再造设计方案，评估了供应链结构的变化和不同类型小车的使用对供应链的影响。Chism[38]分析了汽车制造设施中的可复用包装。通过调查和访谈研究了可复用包装回收和追踪包装材料以供再利用的方法，并给出更充分利用现有的系统的建议。Soysal[39]研究了可复用物流容器的闭环库存路由问题，提出了考虑正向和逆向物流操作、油耗、需求不确定性和多产品的概率混合整数线性规划模型。Iassinovskaia 等[40]研究了闭环供应链中具有时间窗与同时取货和发货的可复用物流容器的库存路由问题，建立了混合整数线性规划模型，并在小实例上进行了测试。对于更现实的大规模问题，提出了一种聚类的算法。

任建伟[41]为没有充足历史数据预测未来不确定情况下的考虑混合型号托盘的托盘共用系统调度问题构建了多情景规划模型，对托盘共用系统调度的全过程(包括购买/租借、分派、再分派、回收)进行优化。徐琪[42]研究了托盘共用服务供应链系统的优化与协调管理。优化管理策略主要包括托盘运营商对供应链下游托盘使用企业实施的托盘租赁优化管理、与供应链上游托盘供应商建立的收入共享契约协调机制及托盘租赁融资优化管理等。徐琪[43]研究了托盘返还率固定以及托盘返还率不固定情形下，租期不同时，物流托盘共用系统的租赁优化定价问题。

2.1.3.2 可复用物流容器的返回预测研究

Goh 和 Varaprasad[44]构建了一个估计可复用物流容器返回分布的程序。他们考虑了影响可复用物流容器的返回的不同参数，即容器在其生命周期中的总使用次数、容器的平均生命周期、平均运输时间和容器损失率。Kelle 和 Silver[45]构建了四个基于不同信息量预测可复用物流容器返回的模型。模型一只利用提前期内需求的期望值和方差，以及每个可复用物流容器的返回概率。模型二使用之前每个时期可复用物流容器的实际数据和随后的时期对于任何给定的可复用物流容器的返回概率。模型三使用模型二所需的信息和当前已返回的容器数量。模型三要求每个可复用物流容器是单独标识的，例如通过使用一个 RFID 系统，这可能是相当昂贵的。为了避免这个额外费用，模型四使用之前的每个时期返回的可复用物流容器总数量和模型二所需的信息。数值实验表明，模型二和模型四较模型一有显著优势。Bojkow[46]提出了一个估计可复用物流容器在其生命周期平均周转次数的方法。他为闭环可复用物流容器系统建立了一个仿真模型，用于产生可复用物流容器的平均周转次数，然后用一个简单的公式推导单个可复用物流容器的近似平均周转次数。Cobb[47]提出了一种利用标志单个容器的 RFID 或条码数据对可复用物流容器的返回时间和返回率的概率密度函数进行估计的方法。该技术依赖于对可回收容器的后向周期时间的概率密度函数的估计，估计容器返回率分布取决于供应链中跟踪单个容器的能力，进而建立一个后向的周期时间分布，并计算指定时间内每个生产批次返回的容器数量。

2.1.3.3 可复用物流容器的库存管理模型

Cobb[48]建立了可复用物流容器的库存控制模型，研究可复用物流容器的最优检查周期、修理周期和购买周期。Buchanan 和 Abad[49]构建了一个基于周期性库存检查的可复用物流容器的库存控制模型，假定可复用物流容器的返回率是随机的，构建了单周期和多周期的模型。模型的目标是当期望总成本最小时，求解可复用物流容器的最优购买数量。Glock 和 Kim[50]研究了由单个供应商和多个零售商组成的供应链，可复用物流容器用于将成品从供应商处运输到零售商处。比较了两种不同的运输策略：提早发货和延迟发货。在第一种情况下，卖方可以在全部货物生产完成之前发货，而在第二种情况下，只在全部货物生产完成后才进行发货。结果表明当零售商的需求率较低(与供应商的生产率相比)、可复用物流容器的返回提前期较长时，在供应商的生产过程仍在进行的情况下，向零售商进行批次发货是特别有益的。此外，分析表明当买方的需求率较低，而可复用物流容器返回提前期较长时，供应商应该少用容量较大的容器，多用容量相对较小的容器。Thoroe 等[51]研究了一个由单个供应商和单个买方组成的闭环供应链，采用可复用物流容器运输产品。他们假定 RFID 标签可以用来跟踪可复用物流容器，假设采用 RFID 系统可以增加容器的返回数量，而这会增加单个可复用物流容器的价格。结果表明，使用 RFID 系统会降低购买新容器频率，产生较小的替代批量。Kim 和 Glock[52]在扩展了上文研究的基础上，考虑了容器返回数量随机的情况。假定使用 RFID 系统可以改善容器返回信息、更好地预测容器的返回情况和更高的返回率。RFID 系统对可复用物流容器的影响在模型中体现为容器的平均返回率更高、返回率的方差更低。他们建立了一个经济可行性标准，帮助评估在哪些条件下应该使用 RFID 标签的容器，在哪些条件下更适合采用传统的没有 RFID 标签的容器。Yun 等[53]研究了内陆运输系统中空集装箱的库存控制问题。由于枢纽港之间的贸易不平衡，空集装箱应定期从富余地区重新定位到短缺地区。他们考虑了一个短缺区域，并提出了一种有效的库存策略来控制空容器。假设每个单位时间的需求是独立的和相同分布的随机变量，为了满足空容器的需求，根据(s，S)库存策略将空容器重新定位，并考虑空容器的租赁时间为零。对于租用的集装箱，在规定期限后将租赁的空集装箱交还给出租方。对于给定的策略，利用仿真模型来估计预期的成本率，使用 Arena 中的 OptQuests 以获得(s，S)库存策略的数值最优解。

2.2 投资减少不完善的生产和不准确的库存

Dey 和 Giri[54]研究了一种具有随机需求和不完美生产过程的单供应商

单买方的联合生产库存模型。建立了考虑供应商投资用于提高生产过程的质量和减少缺陷品的数量的总成本模型，并提出了一个迭代算法来确定最优决策。Uçkun 等[55]研究了通过降低库存不准确性来实现利润最大化的最佳投资水平问题，考虑了仓库之间允许共享库存和不允许共享库存的两种情况下，集中的和分散的系统中最优的投资水平。Cui 等[56]在随机需求和不准确库存的情况下，构建了分析模型，用于研究不同的 RFID 在不同情景下(不协调的供应链和协调的供应链)的最优订货数量和期望利润的成本效益，并提出最佳的协调策略。考虑到实际的 RFID 数据收集中存在着误差，以及不同 RFID 的成本和有效性，引入了一个比例因子函数来说明 RFID 的可变成本与 RFID 非完全能力在减少库存误差中的关系。Datta[57]提出了一个有缺陷产品的生产库存模型用于确定追加投资、销售价格、生产速度和生产周期等的最优值，提出了一种基于迭代的算法用于求解模型。模型假设额外的投资可以提高产品质量、降低缺陷产品的比例。结果表明额外的投资可以增加预期的平均净利润。Gao 等[58]研究由单个供应商和单个制造商组成的两级供应链中，两者都生产有缺陷的产品，制造商和供应商之间为改进产品努力作出协调。供应链中出现了两种失效成本：内部和外部。供应商和制造商决定他们各自的质量水平，以最大化自己的利润。他们提出了一个成本分配合同，根据失效根源分析信息，在制造商和供应商之间以不同的费率分配外部失效成本。Porteus[59]建立了一个扩展的 EOQ 模型，将(生产)准备成本作为一个决策变量，分别考虑了对数投资成本函数和幂函数投资成本函数对总成本的影响。贾涛等[60]建立了一个易腐品的库存模型，考虑了延期付款情况下，投资减小订单成本对于系统的影响。

Ferguson 等[61]提出通过供应链协调方法来减少无缺陷退货。无缺陷退货是消费者退回到零售商的没有功能性或外观缺陷的产品。无缺陷退货的成本包括测试、翻新、重新包装、时间价值损失以及产品以折价销售造成的收益损失，这部分成本主要由制造商承担。然而，减少无缺陷退货，主要考虑零售商的努力，例如告知消费者最适合他们需求的产品。他们提出了一项目标回扣合同，该合同向零售商低于无缺陷退货目标值的每单位支付一定的资金。这一目标回扣合同为零售商增加其销售努力提供了动力，从而减少了无缺陷退货和增加(潜在的)净销售额。Huang 等[62]设计了一个数量折扣合同来解决无缺陷退货情况下的逆向供应链中的利润冲突问题。

张旭梅等[63]设计了制造商与零售商共同努力以减少无缺陷退货的收益共享合同。李明芳等[64]设计了基于双向激励的契约对无缺陷退货供应链进行协调。孙军和孙亮[65]研究了无缺陷退货情况下在线零售商的运费承担策略。张钦红等[66]研究了无缺陷退货情况下惩罚合同机制对供应链的影响。汪峻萍等[67]研究了存在无缺陷退货情况下，在线销售商销售易逝品的供应链协调问题。贾涛和徐渝[68]研究了无缺陷退货情况下的供应链利润分配问题。周若虹和张雪峰[69]建立了无缺陷退货情况下，闭环供应链的网络均衡模型。王娟[70]引入基于回收努力的随机回收量，建立了基于第三方物流回收努力的容器回收供应链模型，用于激励 3PL① 投入更多的努力用于容器的回收管理，分别对分散闭环供应链系统与集中闭环供应链系统中 3PL 的最优回收投入策略进行了求解，证明了分散系统下存在帕累托改进。设计了容器共享平台与 3PL 之间的目标激励合同，讨论了实现帕累托最优的前提条件。

2.3 联合经济批量模型

Goyal[71]假定供应商有无限生产率，采用批对批的策略将产品从供应

① 3PL(Third Party Logistics)是在物流渠道中由中间商提供的服务，中间商以合同的形式在一定期限内提供企业所需的全部或部分物流服务。

商处运到买方。在这一策略中，每个生产批次都是单次发货给买方。提出了一个解法求解联合经济批量问题的最优解。Banerjee[72]放宽了无限产量的假设，研究了供应商具有有限生产率情况下的联合经济批量问题。随后Goyal[73]放宽了批对批的假设，假定生产批次的运输数量是相等的。Goyal[73]建立了一个模型，在该模型中，货物的运输批量随生产率与需求率的比值而增加，他定义了这个问题，将第一批货物的最优运输数量作为发货数量的一个函数。Hill[74]将几何生长因子作为决策变量，推广了Goyal[73]的模型。他提出了基于对生长因子和特定范围内的出货量的彻底搜索的解决方法，放宽了装运策略的假设，对联合经济批量问题进行优化。Huang[75]建立了JIT制造环境中存在缺陷的产品的最佳供应商—买方联合库存模型，考虑了生产流程的不可靠性对联合经济批量决策的影响。Jha和Shanker[76]建立了一个由单个供应商和多个零售商组成的集成的生产库存模型。他们考虑了提前期和服务水平对系统的影响，提出了一种基于拉格朗日乘数法的算法来确定最佳的生产库存策略。Shah等[77]为一种非瞬时变质的库存系统建立了数学模型，考虑产品需求率是商品广告和售价的函数，并设计了一种算法来寻找模型的最优解。Woo等[78]建立了一个由单供应商和多零售商组成的整合的库存系统，考虑供应商和零售商都愿意投资以降低订货成本从而降低系统总成本。Hoque[79]为由单供应商和多零售商组成的供应链建立了三个库存模型，前两个模型考虑货物以相同的批量运输，第三个模型考虑产品以不同的批量运输。在第二个模型中假定零售商们采用相同的订货周期。Hoque[80]为由单个供应商和多个零售商组成的供应链建立了通用的模型来实现更好的同步性。联合经济批量决策有助于降低供应链的总成本，但不能保证每个供应链成员的成本都得到优化，这会降低各个供应链成员参与联合决策的积极性。夏海洋等[81]研究了采购商占主导地位和供应商占主导地位情形下的联合经济批量模型，比较了分散决策与联合决策下采购商和供应商的成本函数，分析了联合经济批量模型中的损失补贴与利益分配问题。

一些学者用联合经济批量模型对可复用物流容器的管理问题进行了研究。Kim 等[82]研究了由一个供应商和一个客户组成的供应链，他们用可复用物流容器运输易变质产品。他们假定可复用物流容器的返回时间是随机的，可复用物流容器的延迟返回可能会导致可复用物流容器缺货，造成下一次装运的延迟。他们分析了产成品库存和可复用物流容器库存之间存在的相互依赖关系，结果显示通过增加可复用物流容器的返回批量，降低可复用物流容器的返回频率，有助于降低可复用物流容器的缺货风险。在此基础上，Glock 和 Kim[83]建立了模型用于确定可复用物流容器的最优安全库存水平和最优安全返回时间，从而降低可复用物流容器缺货造成的风险。结果表明，设置可复用物流容器安全库存的方法优于设置可复用物流容器安全返回时间，在实践中企业应该将设置可复用物流容器安全库存作为首选的规避可复用物流容器缺货风险的措施。Hariga 等[84]对 Kim 等[82]的研究做了扩展，考虑租用可复用物流容器作为替代措施应对可复用物流容器缺货对供应链造成的影响。他们假设当可复用物流容器延迟返回时，供应商可以选择从附近的服务提供商处租用可复用物流容器。结果表明，当缺货成本、可复用物流容器延迟返回的风险都很高，以及在供应商的仓库储存产品费用高时，租用可复用物流容器是很好的选择。在后一种情况下，租用可复用物流容器可以确保产品准时送达零售商，从而减少供应商的产成品库存。Schrady[85]首次考虑了可维修库存品的联合优化修理和购买批量，模型假定库存的补充(通过维修或购买)是瞬间发生，即无限购买率和维修率。Teunter[86]提出了一种计算可重复使用的库存品的最优生产和维修批量的确定性模型，模型假定维修率和生成率是无限的。

2.4 供应链利益分配

2.4.1 旁支付与供应链协调

Leng 和 Zhu[87]研究了旁支付合同下的供应链协调问题。讨论了一个合适的旁支付合同必须满足的两个标准，即引入一个决策依赖的转移支付函数和一个常数转移项。提出了转移支付函数必须满足的条件，并利用纳什(Nash)仲裁方案和 Shapley 值来计算常数转移项，推导其封闭解。他们提出了一个五步的程序来建立旁支付合同，并将其应用于四种供应链博弈：古诺博弈、伯特兰博弈、销售替代品的两个零售商的供应链博弈和一个由供应商和零售商组成的两极供应链博弈。对于古诺博弈，他们构造了一个线性转移函数和一个固定的旁支付来协调两个生产者。对于伯特兰博弈，他们构建了一个等价于收入共享契约的非线性传递函数，并显示常数项为零，博弈中两家公司共享整个系统的利润。对于具有替代产品的供应链，提出了一个旁支付合同来协调两个零售商。对于两极的供应链，提出了一个旁支付合同来协调供应链，同时也有助于减少正向购买对供应链绩效的影响。Kimbrough 和 Sheremeta[88]建立并测试了一种通过旁支付来解决冲突的通用模型。在一个两阶段的博弈中，两个代理人(公司)为一个有价值的奖品(一个专利，一个垄断的市场，等等)由于利益冲突进行博弈。在第一阶段，一个代理人可能会向另一个代理人发出最后“通牒”，由其选择接受或拒绝该提议。在一种情况下，接受这一提议后，后动者就不能参加奖品的竞争；在另一种情况下，后动者选择接受或拒绝要约，同时选择是否参加竞争。研究发现，即使是没有约束力的合同，当个人没有理由提供旁支付时，转移的可能性也会降低冲突的频率和强度。没有约束力的合同比预测的更有效，并提供了没有转移的可能性时增加福利的一些措施。

2.4.2 成本分摊与供应链协调

Panda 等[89]研究了一个三级供应链的协调和利润分配问题，制造商通过分销商向零售商提供易逝品，产品以恒定的速度变质，不能返工；零售商处置该产品时没有任何残值，制造商和分销商组成一个联盟，该联盟以渠道协调为目标，分摊零售商的处置成本。为了分配渠道盈余，零售商先与制造商及分销商组成的联盟进行讨价还价，然后再由制造商和分销商在联盟内部进行讨价还价。简单的旁支付合同解决了渠道冲突，在一定范围内渠道成员是双赢的。Lee 和 Cho[90]等研究了供应商管理的库存(VMI)系统下的供应商和客户之间的库存成本分摊问题。他们建立了有限的存储容量允许缺货情况下的 EOQ 模型，在客户出现缺货时，供应商要支付缺货罚款。在分散的 VMI 系统中，客户和供应商在设计 VMI 合同和进行补货决策时，都只考虑将自己的成本最小化。他们比较了集成的 VMI 系统与分散的 VMI 系统。结果表明，当供应商的保留成本等于整个集成系统的最低供应链总成本时，库存成本分摊下的集成供应商—客户系统的 VMI 的补货决策和系统绩效与分散情况下的 VMI 系统相同。讨论了在不考虑供应商的保留成本时，VMI 系统中如何采用固定转移支付以及库存成本分摊来获得供应链协调。Bhaskaran 和 Krishnan[91]对两家有不同开发能力的公司联合开发的产品情形进行了建模，研究开发成本分摊和利润共享的问题。成本和努力共享机制与正在考虑开发的项目类型以及企业之间共享收入的程度有微妙的交互作用。他们的分析表明，投资共享更适合于具有重大不确定性的新产品项目，而对于产品质量具有不确定性，企业在能力上也有相似之处，而且跨公司的工作整合的成本是可以控制的项目，创新共享更适合。

陶为群[92]建立了讨价还价的双边适应性预期模型，利用模型的二元常系数非齐次线性差分方程组，解释了纳什讨价还价解的形成路径。基于这个模型，当买、卖双方有成交意愿时，双方的出价最终会收敛到同一个常数，能够从理论上保证最终的成交。当一方不肯让价时，模型退化为单边适应性预期模型。针对适合不同行业的几种典型供应链契约，张李浩和范体军[93]建立了与 RFID 技术应用相关的成本分摊模型，比较了投资前和投资后供应商和零售商的收益，给出了供应链中 RFID 技术成本阈值、成本分摊系数的区间以及投资 RFID 的激励条件。

2.4.3 纳什讨价还价解与供应链利益分配

基于纳什谈判解，孟卫东等[94]建立了供应链联合促销的激励模型，研究了最优线性合约的存在性。结果表明在合作能增加总收益的情况下，存在最优的批发价格使渠道收益最大化。谈判能力对最优批发价格没有影响，但合作收益的分配依赖于各自的谈判能力。

利用纳什谈判模型，代建生和范波[95]研究了在双边道德风险下，合作研发的两步线性分成问题，分析了谈判能力、研发效率和协同创造能力对利益分配的影响。结果表明，双方的研发投入和合作研发的总收益随协同能力的增强而增大，合作研发实现的总收益随合作一方研发效率的下降而减少，同时自身的研发投入也随之减少。李信儒等[96]对协调创新项目的成本分摊问题进行了研究。将协同创新的最终商业化产品的销售额作为收益来源，结合努力水平影响销售量的线性收益函数，建立了合作净利润的模型，研究了协同创新的成本分摊。结果表明，联合决策可以增加双方合作的整体净利润，同时双方需要付出更大的努力。张启平等[97]研究了固定成本分摊问题，建立了考虑分摊固定成本的决策单元超 CCR① 有效性评价模型，面向投入产出要素变化量和分摊的固定成本的决策单元相对受益识别模型和考虑决策单元有效性和受益性的基于纳什讨价还价合作博弈理论的固定成本分摊模型。算例结果表明，他们提出的固定成本分摊方法是公平

---

① CCR：数据包络分析中的 CCR 模型由 Charnes、Cooper 和 Rhodes 于 1978 年提出，简写为 CCR。

合理和可接受的。徐永安[98]在纳什讨价还价模型的基础上，讨论了讨价还价拓展模型及其应用。基于纳什讨价还价，卿前恺等[99]研究了参与者议价能力对单供应商和单制造商的 VMI 系统的影响。零部件价格通过纳什讨价还价确定。结果表明，制造商的收益随制造商议价能力增强而增加，而供应商的议价能力对供应商的收益没有直接影响。

2.5　本章小结

本章首先从包装容器系统的选择、可复用物流容器管理模式选择和可复用物流容器系统的管理三个方面回顾了可复用物流容器的文献。其次回顾了投资减少不完善的生产和不准确的库存以及联合经济批量模型方面的文献。最后从旁支付与供应链协调、成本分摊与供应链协调以及纳什讨价还价解与供应链利益分配三个方面回顾了供应链利益分配的文献。通过对可复用物流容器管理以及系统协调的研究现状分析发现，目前学术界对可包装容器系统的选择、物流容器系统的环境影响问题、可复用物流容器库存管理以及可复用物流容器管理运作模式选择等方面进行了较多的研究，并取得了大量成果，但仍然存在着一些亟待解决的问题，这些问题主要表现在以下几个方面：

（1）现有可复用物流容器管理的文献主要研究了包装容器系统的选择问题、物流容器系统的环境影响问题和可复用物流容器系统的管理。在实际应用中，可复用物流容器丢失率高是企业面临的一大问题，而降低可复用物流容器丢失率对于可复用物流容器管理的影响尚未有相关的研究。因此，本书将深入分析降低可复用物流容器丢失率对可复用物流容器库存管理策略的影响。

（2）现有文献关于供应链利益分配方面的研究，未考虑到可复用物流容器的供应链协调问题。因此，本书考虑供应商提供旁支付作为激励，促进零售商投资用于降低容器丢失率，建立了考虑投资成本分担的非对称纳什议价模型，对模型进行求解，确定了最优投资成本分担比例。比较了供应商和零售商的最优总成本，结果表明，供应商提供旁支付给零售商时，系统可以实现协调，供应商和零售商的最优总成本都降低了。

(3)现有文献采用联合经济批量模型对于可复用物流容器的库存管理问题进行了研究。本书将可复用物流容器的丢失率引入可复用物流容器的库存管理模型中，研究可复用物流容器的丢失率对可复用物流容器的库存管理的影响。

(4)现有文献关于投资减少不完善的生产和不准确的库存方面的研究，大多关注于原材料、产品和半成品，还未有关于投资优化可复用物流容器库存管理方面的研究。因此本书研究了投资用于降低可复用物流容器丢失率情况下的可复用物流容器库存管理问题。现有关于无缺陷产品退货方面的文献假设增加零售商的销售努力可以降低无缺陷产品退货率，本书将这一假设引入可复用物流容器管理的研究中，假设零售商提高容器回收努力水平可以降低容器的丢失率，研究了考虑零售商投入额外回收努力的可复用物流容器的库存管理问题。

第 3 章

零售商投资用于降低丢失率的可复用物流容器库存管理研究

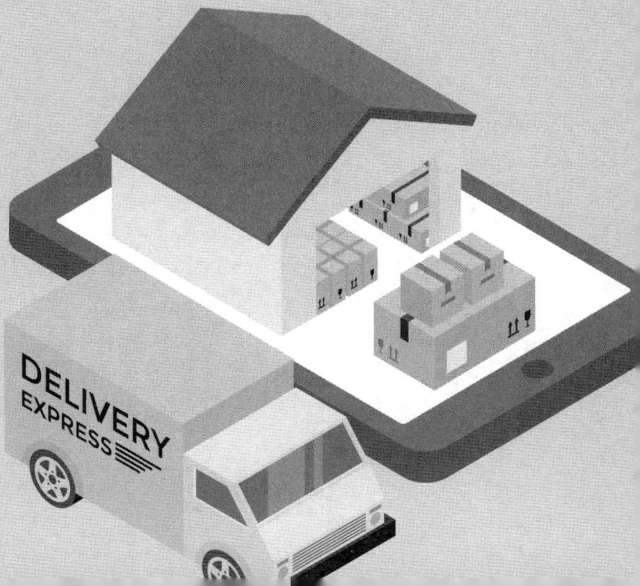

3.1 问题描述

本章考虑由单个供应商和单个零售商组成的供应链，供应商将产成品运送给零售商，同时采用可复用物流容器包装产品。每个周期零售商收到一定数量满载货物的可复用物流容器，随着产品被卖出，空容器数量变多，它们在零售商的空容器区被收集起来，然后返回到供应商的空容器区。我们假设可复用物流容器由供应商拥有和管理。空容器短缺会影响供应商下一次的送货计划。可复用物流容器的丢失主要由零售商造成，由于零售商对可复用物流容器管理不善，造成可复用物流容器的损坏、货物卸载不及时使得容器不能及时返回等，最终造成由零售商返回到供应商的空容器数量要少于他们收到的容器数量。本章的目标是最小化闭环供应链的成本，决策变量是供应商采购新容器的数量、容器的丢失率和零售商每个周期收到的可复用容器数量。

本章的研究问题是:

(1)零售商的投资如何影响系统的总成本，以及确定零售商的最优投资量。

(2)当零售商投资降低可复用容器的丢失率时，如何协调整个供应链系统。

本章建立了一个考虑零售商投资降低可复用容器丢失率情况下的模型，以最小化供应链的总成本为目标。首先考虑了零售商不投资的情况，其次考虑了零售商投资的情况，最后比较了这两种情况下的供应链总成本。结果表明零售商投资于降低可复用容器丢失率时，总成本更低。总成本的降低是由零售商投资用于降低可复用容器丢失率产生的，我们采用了旁支付来激励零售商对此进行投资，进而补充零售商由于投资而增加的成本。数值实验表明当供应商提供旁支付给零售商时，整个系统可以协调。

本书考虑闭环供应链下，零售商投资于可复用物流容器，以降低可复用物流容器的丢失率，从而降低供应链整体的总成本。本章所考虑的模型如图 3-1 所示。

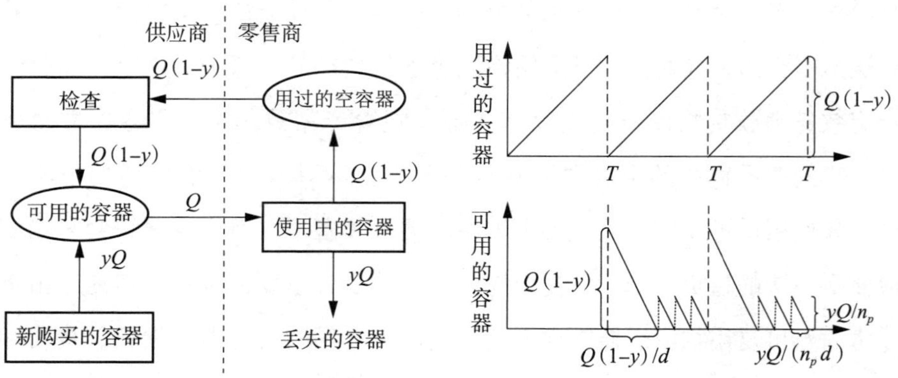

（a）可复用物流容器的物流　　（b）空容器的库存

图 3-1　可复用物流容器管理的运作模式

系统是由单个供应商和单个零售商组成的供应链，供应商将产成品运送给零售商，产品用可复用物流容器包装。每个周期零售商收到 Q 个装满产品的可复用容器，一部分容器在循环过程中丢失了，丢失率为 $y(0<y<1)$。每个周期末，在零售商的空容器区可收集到 $Q(1-y)$ 的空容器，这些容器被送到供应商处的空容器区。返回到供应商处的空容器经过检查，确认需要购买 yQ 个空容器。返回到供应商处的空容器被用于装运产成品到零售商处。单位时间内，d 个容器由供应商运送到零售商。每个周期供应商订购 n_p 次空容器，每次订购的数量为 Qy/n_p。

3.2 假设和符号

3.2.1 假设条件

我们假设零售商投资可以降低可复用物流容器的丢失率，因此，我们把零售商投资后的可复用物流容器的丢失率也作为一个决策变量。

模型中使用的假设如下：

(1)供应链由单个供应商和单个零售商组成，供应商将产成品运送给零售商，产品采用可复用物流容器包装。

(2)$y(0<y<1)$是可复用物流容器的丢失率。

(3)零售商通过投资于可复用物流容器管理人员的培训、加强可复用物流容器的管理等，可以降低可复用物流容器的丢失率。我们采用以下对数表示投资成本函数：

$$I(y)=\frac{1}{\delta}\ln\left(\frac{y_0}{y}\right)$$

零售商每增加 y 个单位资金投入，可复用物流容器丢失率降低的百分比为 δ，y_0 表示投资前的可复用物流容器的丢失率。

3.2.2 符号说明

本章使用的符号如表 3-1 所示。

表 3-1 符号说明

参数	
d	需求率
y_0	零售商投资前可复用物流容器的丢失率
C_I	可复用物流容器的固定检查成本

续表

参数	
C_P	可复用物流容器的固定订货成本
c_i	可复用物流容器的变动检查成本
c_p	单位可复用物流容器的购买成本
h_u	零售商的可复用物流容器的持有成本
h_s	供应商的可复用物流容器的持有成本
δ	零售商单位投资使可复用物流容器丢失率降低的百分比
η	机会成本的百分比
决策变量	
n_p	可复用物流容器的订购次数
y	零售商投资后可复用物流容器的丢失率
Q	每周期零售商收到的可复用物流容器的数量

3.3 零售商投资降低可复用物流容器丢失率的库存管理模型

当零售商投资用于降低可复用物流容器的丢失率时，可复用物流容器的总成本为 $TC_S^I=FC+VC+HC+I(y)$。FC 和 VC 分别代表固定成本和变动成本，包括与可复用物流容器有关的检查成本和订购成本。每周期要产生可复用物流容器的固定检查成本和固定订购成本。可复用物流容器的变动检查成本和变动订购成本与可复用物流容器的数量呈正相关。表达式如下：

$$FC=\frac{C_I+n_pC_P}{T}=\frac{C_I+n_pC_P}{\frac{Q}{d}} \tag{3-1}$$

$$VC=\frac{Q(1-y)}{T}c_i+\frac{Qy}{T}c_p=\frac{Q(1-y)}{\frac{Q}{d}}c_i+\frac{Qy}{\frac{Q}{d}}c_p \tag{3-2}$$

HC 代表可复用物流容器的库存持有成本，包括供应商的库存持有成本和零售商的库存持有成本。供应商和零售商的库存变化如图 3-1(b)所示。HC 的表达式如下：

$$HC=h_u\frac{Q(1-y)}{2}+h_s\frac{Q(1-y)^2}{2}+h_s\frac{Qy^2}{2n_p} \tag{3-3}$$

$I(y)$代表零售商的投资成本，假设它是对数投资函数，表达式如下：

$$I(y)=\frac{\eta}{\delta}\ln\left(\frac{y_0}{y}\right) \tag{3-4}$$

当零售商投资用于降低可复用物流容器丢失率时，可复用物流容器在闭环供应链的总成本如下：

$$TC_S^I(Q,n_p,y)=\frac{C_I+n_pC_P}{\frac{Q}{d}}+\frac{Q(1-y)}{\frac{Q}{d}}c_i+\frac{Qy}{\frac{Q}{d}}c_p+h_u\frac{Q(1-y)}{2}+$$

$$h_s\frac{Q(1-y)^2}{2}+h_s\frac{Qy^2}{2n_p}+\frac{\eta}{\delta}\ln\left(\frac{y_0}{y}\right) \tag{3-5}$$

因此，我们需要解决下面的优化问题：

$$\text{Min } TC_S^I(Q,n_p,y)=\frac{C_I+n_pC_P}{\frac{Q}{d}}+\frac{Q(1-y)}{\frac{Q}{d}}c_i+\frac{Qy}{\frac{Q}{d}}c_p+h_u\frac{Q(1-y)}{2}+$$

$$h_s\frac{Q(1-y)^2}{2}+h_s\frac{Qy^2}{2n_p}+\frac{\eta}{\delta}\ln\left(\frac{y_0}{y}\right),$$

$$\text{subject to } Q>0,\ n_p>0,\ 0<y<y_0 \tag{3-6}$$

定理 3-1：如果 $4\eta\left[(1-y_0)(h_s+h_u-y_0h_s)\right]^{3/2}-\sqrt{2dC_I}\,\delta{y_0}^2h_u^2>0$ 成立，那么目标函数 $TC_S^I(Q,n_p,y)$是凸函数。

我们可以证明当 $4\eta\left[(1-y_0)(h_s+h_u-y_0h_s)\right]^{3/2}-\sqrt{2dC_I}\,\delta{y_0}^2h_u^2>0$ 时，$TC_S^I(Q,n_p,y)$是凸函数，证明见附录 3-A。

Q，n_p 和 y 的最优解可以通过令一阶导等于 0 得到。

$$\frac{\partial TC_S^I(Q,\ n_p,\ y)}{\partial Q}=0,\ \frac{\partial TC_S^I(Q,\ n_p,\ y)}{\partial n_p}=0,\ \frac{\partial TC_S^I(Q,\ n_p,\ y)}{\partial y}=0 \tag{3-7}$$

Q，n_p 的最优解如下：

$$Q_I^*=\sqrt{\frac{2C_I d}{(1-y^*)(h_s+h_u-y^*h_s)}},\ n_{pI}^*=y^*\sqrt{\frac{C_I h_s}{C_P(1-y^*)(h_s+h_u-y^*h_s)}} \tag{3-8}$$

y^* 是下面这个等式的解。

$$\sqrt{2(1-y)(h_s+h_u-yh_s)}\left(d\delta yc_p-c_i d\delta y+\sqrt{2dC_P h_s}\delta y-\eta\right)$$
$$=\sqrt{C_I d}\left[h_u-2(y-1)h_s\right]\delta y \tag{3-9}$$

定理 3-2：当零售商投资于降低可复用物流容器丢失率时，每个周期零售商收到容器的最优数量是 $Q^*=\sqrt{\frac{2C_I d}{(1-y^*)(h_s+h_u-y^*h_s)}}$，新容器的最优补货次数是 $n_p^*=\sqrt{\frac{C_I h_s}{C_P(1-y^*)(h_s+h_u-y^*h_s)}}y^*$，可复用物流容器的最优丢失率是下式的解。

$$\sqrt{2(1-y)(h_s+h_u-yh_s)}\left(d\delta yc_p-c_i d\delta y+\sqrt{2dC_P h_s}\delta y-\eta\right)$$
$$=\sqrt{C_I d}\left[h_u-2(y-1)h_s\right]\delta y$$

当零售商投资于降低可复用物流容器丢失率时，可复用物流容器在供应链的最低总成本如下：

$$TC_S^{I\,*}=d(1-y^*)c_i+dy^*c_p+y^*\sqrt{2dC_P h_s}+$$
$$\sqrt{2C_I d(1-y^*)(h_s+h_u-y^*h_s)}+\frac{\eta\log\left(\frac{y_0}{y^*}\right)}{\delta} \tag{3-10}$$

当零售商投资于降低可复用物流容器丢失率时，零售商成本如下：

$$TC_R^{I\ *}=h_u\sqrt{\frac{C_Id(1-y^*)}{2(h_s+h_u-y^*h_s)}}+\frac{\eta\log\left(\frac{y_0}{y^*}\right)}{\delta} \tag{3-11}$$

当零售商投资于降低可复用物流容器丢失率时，供应商成本如下：

$$TC_V^{I\ *}=d(1-y^*)c_i+dy^*c_p+y^*\sqrt{2dC_Ph_s}+$$
$$[2(1-y^*)h_s+h_u]\sqrt{\frac{C_Id(1-y^*)}{2(h_s+h_u-y^*h_s)}} \tag{3-12}$$

3.4 零售商不投资降低可复用物流容器丢失率的库存管理模型

本书将零售商不投资降低可复用物流容器丢失率作为基准，后面我们将比较零售商投资降低可复用物流容器丢失率的情况和不投资的情况。

零售商不投资降低可复用物流容器丢失率时，可复用物流容器在供应链的总成本包括与可复用物流容器有关的固定成本、变动成本、供应商和零售商的库存成本。表达式如下：

$$TC_S^{BI}(Q,\ n_p)=\frac{C_I+n_pC_P}{\frac{Q}{d}}+(1-y_0)dc_i+y_0dc_p+h_u\frac{Q(1-y_0)}{2}+$$
$$h_s\frac{Q(1-y_0)^2}{2}+h_s\frac{Qy_0^2}{2n_p} \tag{3-13}$$

因此，我们需要解决下面的优化问题：

$$\text{Min }TC_S^{BI}(Q,\ n_p)=\frac{C_I+n_pC_P}{\frac{Q}{d}}+(1-y_0)dc_i+y_0dc_p+h_u\frac{Q(1-y_0)}{2}+$$
$$h_s\frac{Q(1-y_0)^2}{2}+h_s\frac{Qy_0^2}{2n_p},$$
$$\text{subject to }Q>0,\ n_p>0 \tag{3-14}$$

定理 3-3：目标函数 $TC_S^{BI}(Q, n_p)$ 是凸函数。

我们可以证明 $TC_S^{BI}(Q, n_p)$ 对于 Q，n_p 是凸函数，证明见附录 3-B。

Q，n_p 的最优解满足以下的一阶导等于 0 的条件。

$$\frac{\partial TC_S^{BI}(Q, n_p)}{\partial Q}=0, \quad \frac{\partial TC_S^{BI}(Q, n_p)}{\partial n_p}=0 \tag{3-15}$$

由于 $TC_S^{BI}(Q, n_p)$ 是非线性的，且是凸的，该优化问题是一个非线性凸规划问题。因此，其局部最优解也是全局最优解。

Q，n_p 的最优解如下：

$$Q^{**}=\sqrt{\frac{2C_I d}{(1-y_0)(h_s+h_u-y_0h_s)}}, \quad n_p^{**}=y_0\sqrt{\frac{C_I h_s}{C_P(1-y_0)(h_s+h_u-y_0h_s)}} \tag{3-16}$$

定理 3-4：当零售商不投资于降低可复用物流容器丢失率时，每个周期零售商收到容器的最优数量是 $Q^{**}=\sqrt{\frac{2C_I d}{(1-y_0)(h_s+h_u-y_0h_s)}}$，新容器的最优补货次数为 $n_p^{**}=y_0\sqrt{\frac{C_I h_s}{C_P(1-y_0)(h_s+h_u-y_0h_s)}}$。

接下来我们分析可复用物流容器的丢失率对整个供应链的影响，从而说明降低可复用物流容器丢失率的必要性。

$TC_S^{BI}(Q, n_p)$ 对 y_0 的偏导数为

$$\frac{\partial TC_S^{BI}(Q, n_p)(y_0)}{\partial y_0}=dc_p-dc_i+\sqrt{2C_P dh_s}-\frac{\sqrt{C_I d}\,[2(1-y_0)h_s+h_u]}{\sqrt{2(1-y_0)(h_s+h_u-y_0h_s)}} \tag{3-17}$$

令式(3-17)>0，我们得到 y_0 在(0，1)的取值范围，在这个范围内，供应链的总成本随着可复用物流容器丢失率的上升而增加，只要降低可复用物流容器的丢失率，系统总成本就会降低。令式(3-17)<0，我们可以得到 y_0 在(0，1)的取值范围，在这个范围内，供应链的总成本随着可复用物

流容器丢失率的上升而降低。在这种情况下，可复用物流容器丢失率降低一个相对较大的幅度，系统的总成本会降低。因此通过降低可复用物流容器的丢失率，可以降低供应链的总成本。

当零售商不投资于降低可复用物流容器丢失率时，可复用物流容器在供应链的最低总成本如下：

$$TC_S^{BI}(Q^{**},\ n_p^{**})=d(1-y_0)c_i+y_0\left(dc_p+\sqrt{2dC_Ph_s}\right)+\sqrt{2C_Id(1-y_0)(h_s+h_u-y_0h_s)} \quad (3-18)$$

当零售商不投资于降低可复用物流容器丢失率时，零售商的成本如下：

$$TC_R^{BI}(Q^{**},\ n_p^{**})=h_u\sqrt{\frac{C_Id(1-y_0)}{2(h_s+h_u-y_0h_s)}} \quad (3-19)$$

当零售商不投资于降低可复用物流容器丢失率时，供应商的成本如下：

$$TC_V^{BI}(Q^{**},\ n_p^{**})=d(1-y_0)c_i+dy_0c_p+y_0\sqrt{2dC_Ph_s}+[2(1-y_0)h_s+h_u]\sqrt{\frac{C_Id(1-y_0)}{2(h_s+h_u-y_0h_s)}} \quad (3-20)$$

3.5 投资成本分摊与协调可复用物流容器供应链

数值实验表明，当零售商投资降低可复用物流容器丢失率时，可复用物流容器在供应链的总成本降低了，而零售商的总成本增加了。零售商增加的成本为 $X=TC_R^I(Q^*,\ n_p^*,\ y^*)-TC_R^{BI}(Q^{**},\ n_p^{**})$。然而，零售商只有在其成本下降时才可能进行投资。因此，我们使用旁支付作为激励来分摊零售商的投资成本，以促进零售商进行投资。如果是投资成本中用于补偿零售商因投资而增加的成本的最小比例，那么 $X=\lambda_{\min}\frac{\eta}{\delta}\ln\left(\frac{y_0}{y}\right)$。经过变换，我们可以得到：

$$\lambda_{\min}=\frac{\delta[TC_R^I(Q^*,\ n_p^*,\ y^*)-TC_R^{BI}(Q^{**},\ n_p^{**})]}{\eta\ln\left(\frac{y_0}{y}\right)} \tag{3-21}$$

因此，当系统协调时，零售商的最大成本为

$$TC_{R\max}^I(Q^*,\ n_p^*,\ y^*)=h_u\sqrt{\frac{C_Id(1-y^*)}{2(h_s+h_u-y^*h_s)}}+\frac{\eta\ln\left(\frac{y_0}{y^*}\right)}{\delta}(1-\lambda_{\min}) \tag{3-22}$$

当制造商为零售商的投资提供最小比例的补偿时，制造商获得系统的全部剩余利润。

制造商可以为零售商的投资提供补偿，只要提供补偿后制造商的成本不超过零售商不投资时制造商的成本。如果 $\lambda_{\max}$ 是制造商对零售商投资提供的最高补偿比例，那么 $TC_V^{BI}(Q^{**},\ n_p^{**})-TC_V^I(Q^*,\ n_p^*,\ y^*)=\lambda_{\max}\frac{\eta}{\delta}\ln\left(\frac{y_0}{y}\right)$。经过变换，我们可以得到：

$$\lambda_{\max}=\frac{\delta[TC_V^{BI}(Q^{**},\ n_p^{**})-TC_V^I(Q^*,\ n_p^*,\ y^*)]}{\eta\ln\left(\frac{y_0}{y}\right)} \tag{3-23}$$

因此，当系统协调时，零售商的最小成本为

$$TC_{R\min}^I(Q^*,\ n_p^*,\ y^*)=h_u\sqrt{\frac{C_Id(1-y^*)}{2(h_s+h_u-y^*h_s)}}+\frac{\eta\ln\left(\frac{y_0}{y^*}\right)}{\delta}(1-\lambda_{\max}) \tag{3-24}$$

当制造商提供最大比例的投资成本给零售商时，其成本等于零售商不投资时的成本，零售商将获得全部剩余利润。

类似地，我们可以得到当系统协调时，制造商的最大和最小成本。

$$TC_{V\max}^{I}(Q^*,\ n_p^*,\ y^*)=d(1-y^*)c_i+y^*\sqrt{2dC_Ph_s}+\lambda_{\max}\frac{\eta}{\delta}\ln\left(\frac{y_0}{y^*}\right)+$$
$$[2(1-y^*)h_s+h_u]\sqrt{\frac{C_Id(1-y^*)}{2(h_s+h_u-y^*h_s)}}+dy^*c_p \tag{3-25}$$

$$TC_{V\min}^{I}(Q^*,\ n_p^*,\ y^*)=d(1-y^*)c_i+y^*\sqrt{2dC_Ph_s}+\lambda_{\min}\frac{\eta}{\delta}\ln\left(\frac{y_0}{y^*}\right)+$$
$$[2(1-y^*)h_s+h_u]\sqrt{\frac{C_Id(1-y^*)}{2(h_s+h_u-y^*h_s)}}+dy^*c_p \tag{3-26}$$

对于 $\lambda\in(\lambda_{\min},\ \lambda_{\max})$，制造商和零售商的最优总成本都降低了，系统实现了协调。在3.3、3.4节中，我们得到了每个周期零售商收到的可复用物流容器的最优数量、可复用物流容器的最优丢失比例以及每个周期的最优补货次数。对于一个可接受的 λ，制造商和零售商的总成本如下：

$$TC_{V}^{I}(Q^*,\ n_p^*,\ y^*,\ \lambda)=d(1-y^*)c_i+y^*\sqrt{2dC_Ph_s}+\lambda\frac{\eta}{\delta}\ln\left(\frac{y_0}{y^*}\right)+$$
$$[2(1-y^*)h_s+h_u]\sqrt{\frac{C_Id(1-y^*)}{2(h_s+h_u-y^*h_s)}}+dy^*c_p \tag{3-27}$$

$$TC_{R}^{I}(Q^*,\ n_p^*,\ y^*,\ \lambda)=h_u\sqrt{\frac{C_Id(1-y^*)}{2(h_s+h_u-y^*h_s)}}+\frac{\eta\ln\left(\frac{y_0}{y^*}\right)}{\delta}(1-\lambda) \tag{3-28}$$

制造商和零售商由于零售商的投资而降低的成本如下：

$$\begin{cases}\Delta TC_{V}^{I}(\lambda)=TC_{V}^{BI}(Q^{**},\ n_p^{**})-TC_{V}^{I}(Q^*,\ n_p^*,\ y^*,\ \lambda)\\ \Delta TC_{R}^{I}(\lambda)=TC_{R}^{BI}(Q^{**},\ n_p^{**})-TC_{R}^{I}(Q^*,\ n_p^*,\ y^*,\ \lambda)\end{cases} \tag{3-29}$$

我们需要确定投资成本的分配比例来优化制造商和零售商的总成本。分配比例可以通过双方协商得到。因此，我们建立了非对称纳什讨价还价模型，以获得投资成本的最优分配比例，即以下最大化问题。

$$\max_{\lambda_{\min}\leqslant\lambda\leqslant\lambda_{\max}} (\Delta TC_V^I(\lambda))^{\beta}(\Delta TC_R^I(\lambda))^{1-\beta} \tag{3-30}$$

β 和 $1-\beta$ 分别表示制造商和零售商的讨价还价能力，$0\leqslant\beta\leqslant1$。

根据非对称纳什讨价还价的最优条件，我们可以得到以下值：

$$\lambda=(1-\beta)\lambda_{\max}+\beta\lambda_{\min} \tag{3-31}$$

有关推导请参见附录 3-C。

定理 3-5：当零售商投资用于降低可复用物流容器的丢失率，制造商提供给零售商的投资成本的最佳补偿百分比为 $\lambda=(1-\beta)\lambda_{\max}+\beta\lambda_{\min}$。

3.6 数值算例

在数值算例中，我们采用如表 3-2 所示的参数[52,54]。

表 3-2 参数值

C_I	C_P	h_s	h_u	d	c_i	c_p	η	δ	y_0		
200	10	3	4	1000	2	10	0.2	0.0002	0.4	0.75	0.995

3.6.1 零售商不投资时，可复用物流容器的初始丢失率对系统总成本的影响

在零售商不投资的情况下，可复用物流容器的初始丢失率对系统总成本的影响讨论如下：

令式(3-17)>0，我们得到 $0<y_0<0.9940$。

当 $0.9940<y_0<1$，供应链的总成本随着可复用物流容器的丢失率的上升而降低。这是由于当 $0.9940<y_0<1$ 时，与检查相关的成本的降低比与购

买新容器相关的成本增加要快。当 $y_0=0.9950$，可复用物流容器的初始丢失率下降到 0.992 以下，系统总成本就会降低。当取值范围在 $0<y_0<0.9940$ 时，比如 $y_0=0.4$ 和 $y_0=0.75$，供应链的总成本会随着初始丢失率的下降而降低。因此，投资用于降低可复用物流容器的丢失率可以降低系统的总成本。

3.6.2 最优决策变量和总成本

当 y_0 取 0.4、0.75 和 0.995 时，最优决策变量和总成本如表 3-3 所示。

表 3-3 零售商投资和不投资两种情况下的结果

	$y_0=0.4$		$y_0=0.75$		$y_0=0.995$	
	I	*BI*	*I*	*BI*	*I*	*BI*
Q	266.368	339.032	266.368	580.381	266.368	4463.77
n_p	0.464	1.66	0.46	5.33114	0.464	54.3965
y	0.142	0	0.14	0	0.14	0
$I(y)$	1033.45	0	1662.05	0	1944.72	0
TC	5708.48	6477.81	6337.09	8872.91	6619.76	10293.3

由表 3-3 可知，当零售商投资用于降低可复用物流容器的丢失率时，系统的总成本降低了。当 $y_0=0.4$，用于降低可复用物流容器丢失率的最优投资为 1033.45。与零售商不投资的情况相比，总成本可以节省 12%。当 $y_0=0.75$ 和 $y_0=0.995$ 时，用于降低可复用物流容器丢失率的最优投资分别为 1662.05 和 1944.72，总成本分别节约 29%和 36%。

在以下的数值实验中，我们以 $y_0=0.4$ 为例。

3.6.3 可复用物流容器初始丢失率对系统的影响

图 3-2 通过比较零售商投资和不投资用于降低可复用物流容器丢失率

的情况，说明了零售商投资用于降低可复用物流容器丢失率的好处。在零售商投资用于降低可复用物流容器丢失率的情况下，最优总成本随着可复用物流容器初始丢失率的上升而增加，且低于零售商不投资时的系统总成本。当可复用物流容器初始丢失率等于可复用物流容器的最优丢失率 0. 14 时，这两种情况下的系统最优总成本是相同的。当可复用物流容器初始丢失率较高时，总成本的降低更为显著。这表明，当可复用物流容器的丢失问题严重时，激励零售商投资降低可复用物流容器丢失率对于提高供应链的效率尤为有效。图 3-3 说明了可复用物流容器的初始丢失率对制造商和零售商的最优总成本的影响。在零售商投资降低可复用物流容器丢失率的情况下，制造商的最优成本与可复用物流容器的初始丢失率无关，零售商的最优成本随着可复用物流容器的初始丢失率的上升而增加。当可复用物流容器的初始丢失率大于最优丢失率 0. 14 时，零售商投资情况下的制造商的总成本低于零售商不投资情况下的制造商的总成本，而零售商投资情况下的零售商的总成本要高于零售商不投资情况下的零售商的总成本。

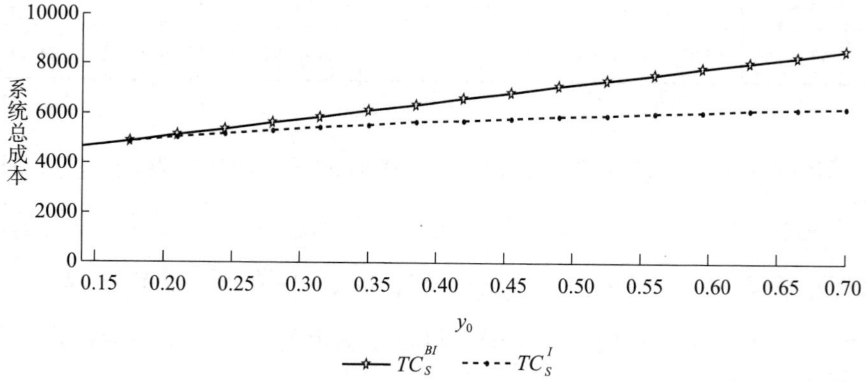

图 3-2　y_0 对系统总成本的影响

因此，零售商不会投资，除非制造商补偿零售商的成本增加（正如 3. 5 节所述）。

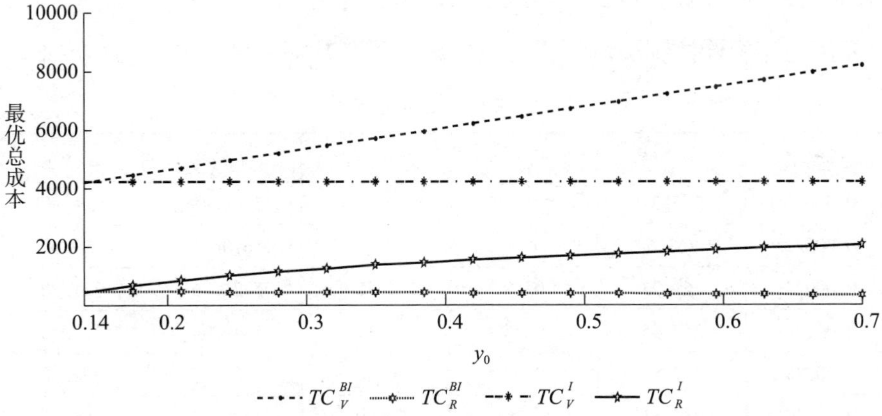

图 3-3　y_0 对制造商和零售商最优总成本的影响

3.6.4　零售商的投资对系统总成本的影响

表 3-4 说明了零售商的投资对系统总成本的影响。如果零售商的投资低于最优投资 1033.45，系统总成本仍低于零售商不投资时的情况。如果零售商的投资从最优投资减少 10%到减少 80%，那么与零售商不投资的情况相比，总成本的减少将从 11.79%变为减少 4.85%。这一结果表明，可通过激励零售商投资用于对员工的培训，以减少可复用物流容器的放置混乱，来优化可复用物流容器的管理。

表 3-4　零售商投资的影响

	I	TC_{NI}	Percentage change（%）							
I	1033.45		-10	-20	-30	-40	-50	-60	-70	-80
TC		6477.81	-11.79	-11.52	-11.06	10.36	9.42	8.21	6.7	4.85

3.6.5　参数 δ 对系统的影响

如表 3-5 所示，当参数δ 增加时，供应链的最优总成本降低，可复用物流容器的丢失率也呈现降低的趋势。这是合理的，因为 δ 增加意味着每增加一美元的投资，可复用物流容器的丢失率降低得更多，增加用于降低可复用物流容器的损失率所需的投资减少了，从而降低了系统的总成本。

表 3-5　参数 δ 的影响

δ	Q^*	n_p^*	y^*	TC^*	$I(y)$
0.00020	266.37	0.46	0.14	5708.48	1033.45
0.00022	263.6	0.42	0.13	5610.25	939.50
0.00024	261.33	0.38	0.12	5521.46	861.20
0.00026	259.45	0.35	0.11	5440.94	794.96
0.00028	257.87	0.32	0.10	5367.68	738.18
0.00030	256.51	0.30	0.09	5300.77	688.96

3.6.6　需求率 d 对系统的影响

表 3-6 表明，需求率的增加使得零售商每个周期收到的可复用物流容器数量增加了，供应链总成本随着需求率的增加而增加，零售商的投资随着需求率的增加而增加。

表 3-6　需求率 d 对系统的影响

d	Q^*	n_p^*	y^*	TC^*	$I(y^*)$
800	246.005	0.609	0.181	4891.89	792.576
900	256.255	0.527	0.159	5309.62	920.067
1000	266.368	0.464	0.142	5708.48	1033.45
1100	276.277	0.414	0.128	6091.95	1135.53
1200	285.956	0.374	0.117	6462.61	1228.35

3.6.7　可复用物流容器初始丢失率对投资的影响

表 3-7 表明用于降低可复用物流容器丢失率的投资并不是独立于可复用物流容器的初始丢失率的。当可复用物流容器的初始丢失率 y_0 非常低

时，零售商不需要投资来降低可复用物流容器的初始丢失率。然而，随着 y_0 的增加，为了优化供应链，零售商需要增加用于降低可复用物流容器的初始丢失率的投资。

表 3-7　y_0 对投资的影响

y_0	Q^*	$n_p{}^*$	y^*	TC^*	$I(y)$
0. 10	266. 37	0. 46	0. 10	4322. 19	0
0. 14	266. 37	0. 46	0. 14	4675. 04	0
0. 20	266. 37	0. 46	0. 14	5015. 33	340. 3
0. 40	266. 37	0. 46	0. 14	5708. 48	1033. 45
0. 60	266. 37	0. 46	0. 14	6113. 95	1438. 91

3. 6. 8　旁支付对系统的影响

当制造商向零售商提供旁支付时，制造商提供给零售商的投资补偿的最小和最大比例分别为 $\lambda^*_{\min}=104.85\%$ 和 $\lambda^*_{\max}=218.65\%$。对于 $\lambda^*_{\min}$，制造商获得整个渠道剩余 1176. 16，制造商的成本是 5301. 65，零售商的成本是 406. 84（与零售商不投资情况下零售商的成本相等）。对于 $\lambda^*_{\max}$，零售商获得所有的渠道剩余，零售商的成本是-769. 32，即在这种情况下零售商将获得利润，制造商的成本是 6477. 81（与零售商不投资情况下的制造商成本相等）。

当制造商和零售商以 $\beta=0.7$（制造商的议价能力）进行讨价还价时，$\lambda=133.30\%$。零售商和制造商的成本分别是 53. 99 和 5654. 50，制造商和零售商的成本比零售商不投资情况下各自的成本分别降低了 86. 73% 和 34. 88%。如图 3-4 所示，在制造商的议价权下，我们得到了在旁支付下，当制造商的议价能力取不同值时制造商和零售商的总成本。旁支付下制造商的最优总成本 $TC^I_V(\lambda)$ 低于不投资情况下制造商的最优总成本 TC^{BI}_V，高于投资情况下制造商的最优总成本 TC^I_V。旁支付下零售商的最优总成本

$TC_R^I(\lambda)$低于不投资情况下零售商的最优总成本 TC_R^{BI}。当制造商向零售商提供旁支付时，制造商和零售商的最优总成本都降低了。随着制造商议价能力的增强，旁支付下零售商的最优总成本 $TC_R^I(\lambda)$增加，旁支付下制造商的最优总成本 $TC_V^I(\lambda)$降低。

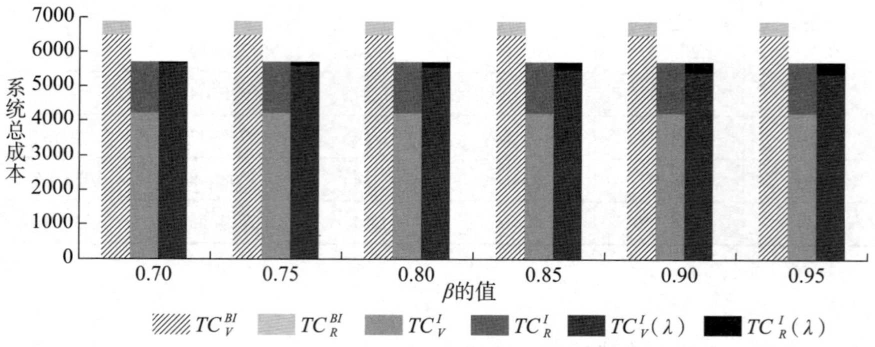

图 3-4　议价能力对系统总成本的影响

3.7　本章小结

在可复用物流容器的使用中，可复用物流容器的丢失率高是困扰容器管理者的一大难题。容器不能及时返回，或者返回率低会影响企业运营的连续性，增加经营管理的成本。本书研究了由单个制造商和单个零售商构成的供应链，假设零售商可以通过投资员工培训来降低可复用物流容器的丢失率。我们首先建立了一个库存模型来优化系统的总成本。其次分析了闭环供应链下的可复用物流容器的最优决策。最后在数值实验中比较了零售商投资降低可复用物流容器丢失率和零售商不投资两种情况下的系统总成本。结果表明，零售商投资降低可复用物流容器的丢失率可以提高供应链的效率，降低系统的总成本。然而，零售商只有在其成本降低时才会投资。因此，我们提出了旁支付作为一种有效的激励，以促进零售商的投资和协调供应链。我们建立了考虑投资成本分担的非对称纳什议价模型，确定了最优投资成本分担比例。在数值实验中，我们比较了制造商和零售商的最优总成本。结果表明，当制造商向零售商提供旁支付时，系统可以得到协调，制造商和零售商的最优总成本都降低了。

第 4 章

单供应商多零售商供应链下可复用物流容器库存管理研究

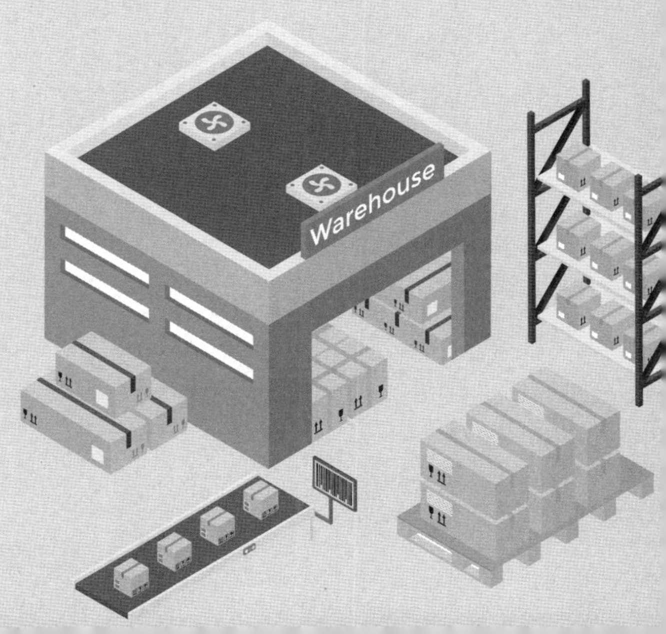

4.1 问题描述

可复用物流容器丢失率高是企业面临的一大难题。没有及时返回的可复用物流容器可能被损坏、放错了位置或者是被偷了。容器丢失率高的原因有很多，比如企业对可复用物流容器管理重视不足，对容器回收投入的努力不足等。可复用物流容器不能及时返回可能造成缺少空容器的情况，导致企业不能及时把货物装运出库，进而影响到企业的声誉。

为了保证正常的产品出货，企业需要购买新的可复用物流容器，这会增加供应链的运营成本。因此需要决定购买新容器的频率从而减少总成本。在第 3 章，考虑了零售商投资用于降低可复用物流容器丢失率对于由单个供应商和单个零售商组成的供应链的绩效的影响，本章考虑零售商投资用于降低可复用物流容器丢失率对于由单个供应商和多个零售商组成的供应链的绩效的影响。系统的空容器的物流过程如图 4-1(a)所示。单个供应商使用可复用物流容器将产品运送给多个零售商，零售商收到满载货物的容器，当容器被清空，零售商将空容器收集起来。一部分容器由于放置混乱，没有被及时返回，它们被视为丢失。返回的容器在供应商处检查和维修，然后投入下一轮使用。每个周期供应商会购买新容器补充丢失的容器，从而保证下一次转运有足够的容器可用。我们假设所有零售商返回空容器的周期是相同的。同时零售商可以投资用于培训员工，以减少可复用物流容器的摆放混乱，从而降低可复用物流容器的丢失率。

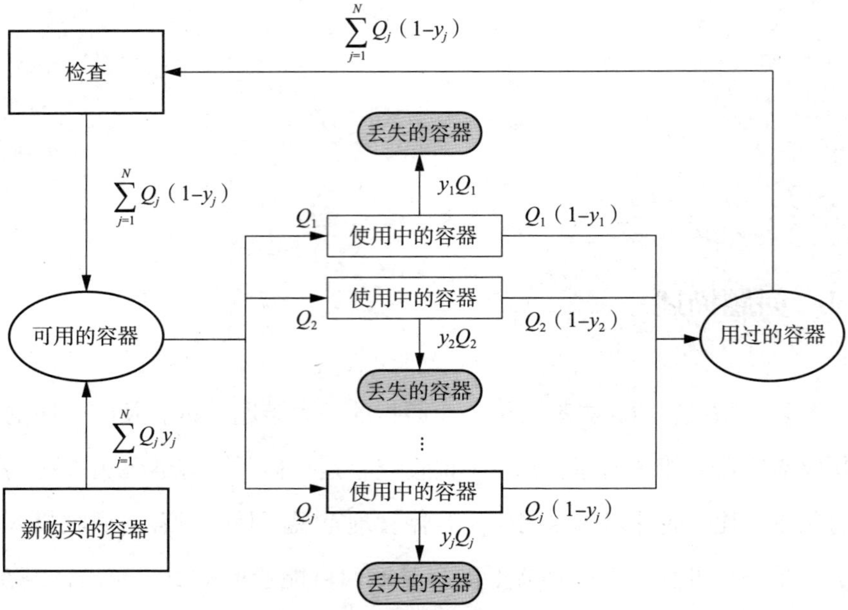

（a）空容器的物流过程

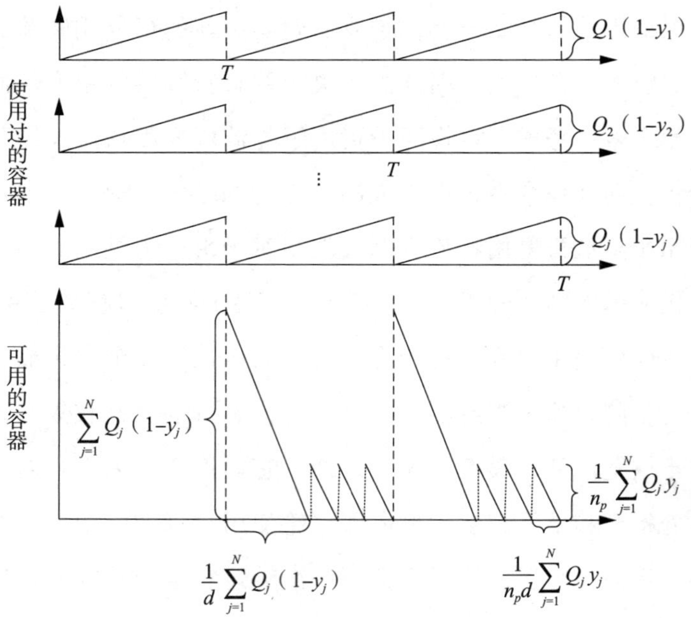

（b）空容器的库存水平变化

图 4-1　单供应商多零售商的可复用物流容器的运作模式

本章建立了两个库存模型。在第一个模型中，假定零售商可以投资用于降低可复用物流容器的丢失率。在第二个模型中，假定零售商不进行投资。我们证明了第二个模型的目标函数是凸函数，并得到最优解。本章利用 Mathematica 为第一个模型设计了一个迭代过程来最小化总成本，并与零售商不投资的情况进行了比较。结果表明，零售商投资时的系统最优成本远低于零售商不投资时的系统最优成本，而且零售商每周期收到的可复用物流容器数量和补货频率都低于零售商不投资的情况。当零售商需求相对较低时，零售商不会投资用于降低容器丢失率。

4.2 符号说明

本章使用的符号如表 4-1 所示。

表 4-1 符号说明

参数	
d_j	零售商 j 对可复用物流容器的需求率
d	供应商对可复用物流容器的需求率
y_{0j}	零售商 j 的可复用物流容器的初始丢失率
C_I	可复用物流容器的固定检查成本
C_P	可复用物流容器的固定订货成本
c_i	可复用物流容器的变动检查成本
c_p	单位可复用物流容器的购买成本
h_{uj}	零售商的可复用物流容器的持有成本
h_s	供应商的可复用物流容器的持有成本
η	小数形式的机会成本
δ_j	零售商投资每增加一美元使得可复用物流容器丢失率降低的百分比
决策变量	
n_p	可复用物流容器的补货频率
y_j	零售商的可复用物流容器的丢失率
Q	每周期供应商发送的可复用物流容器的数量

4.3 零售商投资用于降低可复用物流容器丢失率的库存管理模型

我们假设零售商可以投资以降低可复用物流容器的丢失率。我们建立了一个库存模型，通过最小化单个供应商和多个零售商组成的供应链系统的总成本，确定各个零售商每周期收到的可复用物流容器的最优数量、可复用物流容器的补货频率和可复用物流容器在各个零售商处的最优丢失率。系统的总成本由固定成本、变动成本、库存持有成本和投资成本组成。空容器的库存变动情况如图 4-1(b)所示。

零售商的总成本由库存持有成本和投资成本构成。各个零售商的总成本如下：

$$TC_B^I(Q_j,\ y_j) = \sum_{j=1}^{N} \frac{1}{2} h_{uj} Q_j (1 - y_j) + \sum_{j=1}^{N} \frac{\eta \log\left(\frac{y_{0j}}{y_j}\right)}{\delta_j} \tag{4-1}$$

式(4-1)中，我们假设零售商 j 的投资成本是一个对数函数[54,59]。

将 $Q_j = \frac{Qd_j}{d}$ 代入式(4-1)，我们得到式(4-2)：

$$TC_B^I(Q_j,\ y_j) = \frac{Q\sum_{j=1}^{N} d_j (1 - y_j) h_{uj}}{2d} + \sum_{j=1}^{N} \frac{\eta \log\left(\frac{y_{0j}}{y_j}\right)}{\delta_j} \tag{4-2}$$

供应商的总成本由检查可复用物流容器的固定和变动成本、购买新容器的固定和变动成本、可用的容器和新容器的库存持有成本构成。表达式如下：

$$TC_V^I(Q_j,\ n_p,\ y_j) = \frac{C_P n_p + C_I}{\frac{\sum_{j=1}^{N} Q_j}{d}} + \frac{c_i \sum_{j=1}^{N} Q_j (1 - y_j)}{\frac{\sum_{j=1}^{N} Q_j}{d}} + \frac{c_p \sum_{j=1}^{N} Q_j y_j}{\frac{\sum_{j=1}^{N} Q_j}{d}} +$$

$$\frac{h_s\left[\sum_{j=1}^{N}Q_j(1-y_j)\right]^2}{2\sum_{j=1}^{N}Q_j}+\frac{h_s\left(\sum_{j=1}^{N}Q_jy_j\right)^2}{2n_p\sum_{j=1}^{N}Q_j} \tag{4-3}$$

将 $\sum_{j=1}^{N}Q_j=Q$ 和 $Q_j=\frac{Qd_j}{d}$ 代入式(4-3)，我们得到式(4-4)：

$$TC_V^I(Q_j,\ n_p,\ y_j)=\frac{C_Pn_p+C_I}{\frac{Q}{d}}+c_i\sum_{j=1}^{N}d_j(1-y_j)+c_p\sum_{j=1}^{N}d_jy_j+$$

$$\frac{h_sQ\left[\sum_{j=1}^{N}d_j(1-y_j)\right]^2}{2d^2}+\frac{h_sQ\left(\sum_{j=1}^{N}d_jy_j\right)^2}{2d^2n_p} \tag{4-4}$$

因此，系统总成本的表达式如下：

$$TC_S^I(Q,\ n_p,\ y_j)=\frac{C_Pn_p+C_I}{\frac{Q}{d}}+c_i\sum_{j=1}^{N}d_j(1-y_j)+c_p\sum_{j=1}^{N}d_jy_j+$$

$$\frac{h_sQ\left[\sum_{j=1}^{N}d_j(1-y_j)\right]^2}{2d^2}+\frac{h_sQ\left(\sum_{j=1}^{N}d_jy_j\right)^2}{2d^2n_p}+$$

$$\frac{Q\sum_{j=1}^{N}d_j(1-y_j)h_{uj}}{2d}+\sum_{j=1}^{N}\frac{\eta\log\left(\frac{y_{0j}}{y_j}\right)}{\delta_i} \tag{4-5}$$

因此，我们需要找到使系统总成本最小化的 Q、n_p 和 y_j 的最优值。即

$$\text{Min}\ TC_S^I(Q,\ n_p,\ y_j)=\frac{C_Pn_p+C_I}{\frac{Q}{d}}+c_i\sum_{j=1}^{N}d_j(1-y_j)+c_p\sum_{j=1}^{N}d_jy_j+$$

$$\frac{h_sQ\left[\sum_{j=1}^{N}d_j(1-y_j)\right]^2}{2d^2}+\frac{h_sQ\left(\sum_{j=1}^{N}d_jy_j\right)^2}{2d^2n_p}+$$

$$\frac{Q\sum_{j=1}^{N}d_j(1-y_j)h_{uj}}{2d}+\sum_{j=1}^{N}\frac{\eta\log\left(\frac{y_{0j}}{y_j}\right)}{\delta_i},$$

$$\text{subject to } Q > 0,\ n_p \in \mathbb{N}^*,\ 0 < y_j < y_{0j} \tag{4-6}$$

上述库存模型是一个约束非线性规划问题。每个周期所有零售商收到的可复用物流容器最优数量之和 Q 是决策变量之一。零售商 j 每个周期收到的可复用物流容器最优数量 Q_j 可以通过将 Q 代入 $Q_j=\frac{Qd_j}{d}$得到。我们假设零售商可以进行投资以降低可复用物流容器的丢失率，而投资成本是可复用物流容器丢失率的函数，因此可复用物流容器的丢失率是另一个决策变量。接下来，我们提出了以 Q、n_p 的和为决策变量的系统总成本最小化的求解方法。

引理 4-1：对于固定的 n_p 和给定的 y_j，总成本函数 $TC_S^I(Q,\ n_p,\ y_j)$为凸函数，在 $Q=Q^*$ 达到全局最小值。

证明见附录 4-A。

引理 4-2：对于固定的 n_p 和给定的 Q，使用一个迭代程序，我们可以得到唯一的 y_j 以最小化系统总成本函数 $TC_S^I(Q,\ n_p,\ y_j)$。

证明见附录 4-B。

定理 4-1：对于固定的 n_p，最小化系统总成本函数 $TC_S^I(Q,\ n_p,\ y_j)$的最优解(Q^*，y_j^*)存在且唯一。用一个迭代程序可以得到这个最优解。

证明见附录 4-C。

在 Mathematica 中，我们采用了 Thoroe 等[51]、李信儒等[96]和 Wu 等[100]提出的迭代程序来求最优解。

4.4 算法

第一步：设置 $n_p=1$。

第二步：设置 $k=0$，初始化 $y_j^{(k)}=y_{0j}$，是零售商 j 的可复用物流容器的初始丢失率。

第三步：用 $y_j^{(k)}$ 替换 y_j，由式(4-A-2)可计算得到 $Q^{(k)}$。

第四步：用 $y_j^{(k)} y_j$，$Q^{(k)}$ 替换 Q，由式(4-B-3)可计算得到 $y_j^{(k+1)}$。如果 $y_j^{(k+1)} \geqslant y_j^{(k)}$，设置 $i=j$ 以及 $y_i^{(k+1)}=y_i^{(k)}$。如果 $|y_j^{(k+1)}-y_j^{(k)}| \leqslant 10^{-4}$，$j \neq i$，设置 $(y_j^*, Q^*)=(y_j^{(k+1)}, Q^{(k)})$，然后进入下一步。否则设置 $k=k+1$，回到第三步。

第五步：计算 $TC_S^I(Q^*, n_p, y_j^*)$。

第六步：设置 $n'_p=n_p+1$，重复第二步至第五步，计算 $TC_S^I(Q^*, n'_p, y_j^*)$。然后转到第七步。

第七步：如果 $TC_S^I(Q^*, n'_p, y_j^*) \leqslant TC_S^I(Q^*, n_p, y_j^*)$，那么设置 $n_p=n'_p$，回到第六步，否则转到下一步。

第八步：设置 $(Q^*, n_p^*, y_j^*)=(Q^*, n_p, y_j^*)$，$(Q^*, n_p^*, y_j^*)$ 即为最优解。

求解过程的流程见附录 4-D。

4.5 零售商不投资用于降低可复用物流容器丢失率的库存管理模型

我们将零售商不投资降低可复用物流容器丢失率作为基准，后面我们将比较零售商投资降低可复用物流容器丢失率的情况和不投资的情况。

零售商不投资降低可复用物流容器丢失率时，可复用物流容器供应链的总成本表达式如下：

$$TC_S^{NI}(Q, n_p) = \frac{C_P n_p + C_I}{\dfrac{Q}{d}} + c_i \sum_{j=1}^{N} d_j(1 - y_{0j}) + c_p \sum_{j=1}^{N} d_j y_{0j} +$$

$$\frac{h_s Q\left[\sum_{j=1}^{N} d_j(1-y_{0j})\right]^2}{2d^2}+\frac{h_s Q\left(\sum_{j=1}^{N} d_j y_{0j}\right)^2}{2d^2 n_p}+$$

$$\frac{Q\sum_{j=1}^{N} d_j(1-y_{0j})h_{uj}}{2d} \tag{4-7}$$

我们需要求解以下优化问题。

$$\text{Min } TC_S^{NI}(Q,\ n_p)=\frac{C_P n_p+C_I}{\frac{Q}{d}}+c_i\sum_{j=1}^{N} d_j(1-y_{0j})+c_p\sum_{j=1}^{N} d_j y_{0j}+$$

$$\frac{h_s Q\left[\sum_{j=1}^{N} d_j(1-y_{0j})\right]^2}{2d^2}+\frac{h_s Q\left(\sum_{j=1}^{N} d_j y_{0j}\right)^2}{2d^2 n_p}+$$

$$\frac{Q\sum_{j=1}^{N} d_j(1-y_{0j})h_{uj}}{2d},$$

$$\text{subject to } Q>0,\ n_p\in\mathbb{N}^* \tag{4-8}$$

我们暂时放宽 n_p 的整数限制。

定理 4-2：目标函数 $TC_S^{NI}(Q,\ n_p)$是关于 Q、n_p 的联合凸函数。

证明见附录 4-E。

当零售商不投资降低可复用物流容器丢失率时，供应商每周期发送的可复用物流容器的最优数量为 $Q^{**}=\dfrac{\sqrt{2C_I d^3}}{\sqrt{h_s\left[\sum_{j=1}^{N} d_j(1-y_{0j})\right]^2+d\sum_{j=1}^{N} d_j h_{uj}(1-y_{0j})}}$，补货频率为 $n_p^{**}=\dfrac{\sqrt{C_I h_s}\sum_{j=1}^{N} d_j y_{0j}}{\sqrt{C_P h_s\left[\sum_{j=1}^{N} d_j(1-y_{0j})\right]^2+dC_P\sum_{j=1}^{N} d_j h_{uj}(1-y_{0j})}}$。

由于 $TC_S^{NI}(Q,\ n_p)$是非线性的凸函数，因此该优化问题是一个非线性凸规划问题。因此，它的局部最优解就是全局最优解。

由于 $n_p \in \mathbb{N}^*$，我们比较 $TC_S^{NI}(Q^{**},\lfloor n_p^{**}\rfloor)$ 和 $TC_S^{NI}(Q^{**},\lceil n_p^{**}\rceil)$，其中 $\lfloor n_p^{**}\rfloor$ 代表 n_p 的下界，$\lceil n_p^{**}\rceil$ 代表 $\lceil n_p\rceil$ 的上界。

如果 $TC_S^{NI}(Q^{**},\lfloor n_p^{**}\rfloor) \geqslant TC_S^{NI}(Q^{**},\lceil n_p^{**}\rceil)$，那么最优解为 $(Q^{**},\lceil n_p^{**}\rceil)$；否则最优解为 $(Q^{**},\lfloor n_p^{**}\rfloor)$。

4.6 数值实验

在这部分的数值算例中，我们采用以下一组参数研究由单个供应商和三个零售商组成的闭环供应链（见表4-2）。

表4-2 参数

Vendor		Buyer			
d	2000		1	2	3
C_I	200	d_j	800	1000	1200
C_P	10	h_{uj}	3	4	5
c_i	2	y_{0j}	0.6	0.5	0.4
c_p	10	δ_j	0.0002	0.00021	0.00022
h_s	3	η	0.2	0.2	0.2

如图4-2所示，我们给出一个实例，对于固定的 n_p 和 y_j，$(n_p, y_1, y_2, y_3)=(1, 0.162, 0.131, 0.111)$，总成本函数 $TC_S^I(Q, n_p, y_j)$ 对于 Q 是凸函数。

对于表4-2中给出的参数，我们利用所提出的算法推导出零售商投资情况下优化问题的解，并将结果总结在表4-3中。

投资和不投资情况下的最优决策变量与总成本的比较如表4-4所示。

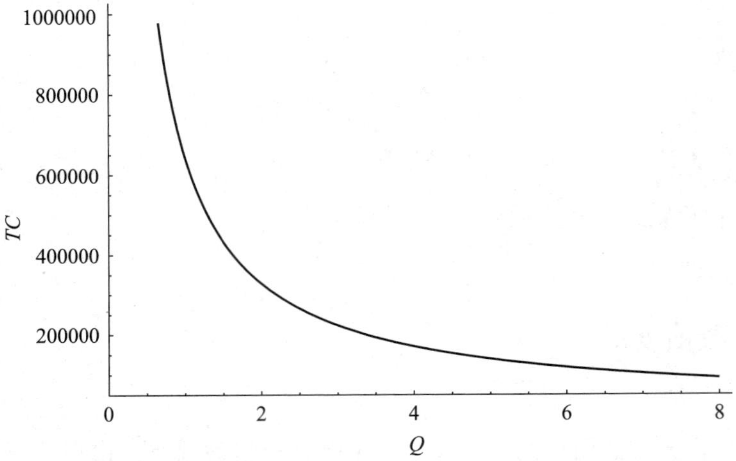

图 4-2　总成本随需求变化

表 4-3　算法的示例

迭代 1	$n_p=1$		
	$k=0$	$k=1$	$k=2$
$y_j^{(k)}$	(0.6, 0.5, 0.4)	(0.163, 0.132, 0.111)	(0.1683, 0.1360, 0.1145)
$Q^{(k)}$	584.528	461.367	462.783
$y_j^{(k+1)}$	(0.163, 0.132, 0.111)	(0.1683, 0.1360, 0.1145)	(0.1682, 0.136, 0.1145)
Δy_j①	(0.437, 0.368, 0.289)	$(5.25, 4.01, 3.54)\times10^{-3}$	$(5, 4, 3)\times10^{-5}$
TC	15811.000		
迭代 2	$n_p=2$		
	$k=0$	$k=1$	$k=2$
$y_j^{(k)}$	(0.6, 0.5, 0.4)	(0.166, 0.135, 0.114)	(0.16928, 0.13693, 0.11536)
$Q^{(k)}$	629.367	474.433	475.121
$y_j^{(k+1)}$	(0.166, 0.135, 0.114)	(0.1693, 0.1369, 0.1154)	(0.16926, 0.13689, 0.11533)
Δy_j①	(0.434, 0.365, 0.286)	$(3.28, 1.93, 1.36)\times10^{-3}$	$(2, 4, 3)\times10^{-5}$
TC			15868.400

注：①　$\Delta y_j=|y_j^{(k+1)}-y_j^{(k)}|$。

表 4-4　投资和不投资情况下的比较

	Q	y_1	y_2	y_3	n_p	TC
零售商投资	462.783	0.168	0.136	0.115	1	15811
零售商不投资	634.876				2	19777.4

由表 4-4 可知，零售商投资于降低可复用物流容器丢失率情况下的系统总成本比零售商不投资情况下的系统总成本减少了 3966.4，即系统总成本的 20%。零售商投资情况下的 Q(每个周期所有零售商收到的可复用物流容器数量之和)小于零售商不投资情况下的 Q。零售商投资情况下的补货频率 n_p 低于零售商不投资情况下的补货频率。这表明可以通过投资降低可复用物流容器的丢失率来降低系统的总成本。管理者可以投资员工培训，减少可复用物流容器的混乱摆放，从而降低系统的总成本。

表 4-5 说明了当零售商 1 的需求(d_1)从 100 增加到 1000 时，系统成本(TC)呈现增加趋势，每个周期所有零售商收到的可复用物流容器数量之和(Q)也呈现出增加的趋势，零售商 2 和零售商 3 的容器丢失率(y_2 和 y_3)降低。当零售商 1 的需求相对较低时，零售商 1 的容器丢失率(y_1)与其初始容器丢失率(y_{01})相同，即零售商 1 不会投资用于降低可复用物流容器的丢失率。当零售商 2 的需求从 100 增加到 1200 时，TC 和 Q 也在增加，y_1 和 y_3 在减少。当零售商 2 的需求相对较低时，零售商 2 的容器丢失率(y_2)与其初始容器丢失率(y_{02})相同，即零售商 2 不会投资用于降低可复用物流容器的丢失率。当零售商 3 的需求从 100 增加到 1400 时，TC 和 Q 也在增加，y_1 和 y_2 在减少。当零售商 3 的需求相对较低时，零售商 3 的容器丢失率(y_3)与其初始容器丢失率(y_{03})相同，即零售商 3 不会投资用于降低可复用物流容器的丢失率。n_p 不受需求变化的影响。

表 4-5　d_j 对系统的影响

j	d_j	TC	y_1	y_2	y_3	Q	n_p
1	100	12251. 6	0. 600	0. 137	0. 116	397. 594	1
	200	12945. 2	0. 600	0. 137	0. 115	412. 464	1
	300	13593. 6	0. 45	0. 137	0. 115	422. 551	1
	600	15031	0. 225	0. 136	0. 115	447. 157	1
	800	15811	0. 168	0. 136	0. 115	462. 771	1
	1000	16523. 6	0. 134	0. 136	0. 114	477. 839	1
2	100	11559. 3	0. 17	0. 500	0. 117	390. 622	1
	200	12185. 4	0. 17	0. 500	0. 116	404. 424	1
	300	12807. 5	0. 169	0. 457	0. 116	416. 26	1
	600	14279. 2	0. 169	0. 228	0. 115	436. 735	1
	1000	15811	0. 168	0. 136	0. 115	462. 771	1
	1200	16497. 7	0. 168	0. 113	0. 114	475. 302	1
3	100	10896. 1	0. 172	0. 139	0. 400	392. 412	1
	200	11459. 5	0. 17109	0. 139	0. 400	404. 263	1
	300	12022. 3	0. 17	0. 138	0. 400	415. 765	1
	400	12574. 8	0. 17	0. 138	0. 349	423. 634	1
	1200	15811	0. 168	0. 136	0. 115	462. 771	1
	1400	16484. 3	0. 168	0. 136	0. 097	472. 806	1

由图 4-3 可知，随着固定检验成本 C_I 的增加，零售商的最优容器丢失率也随之上升。从图 4-4 中可知，随着 C_I 的增加，各个零售商在每个周期收到的可复用物流容器的数量 Q_1、Q_2 和 Q_3 也在增加。Q_3 的曲线高于 Q_2 的曲线，Q_2 的曲线高于 Q_1 的曲线，这很直观，因为 $d_1<d_2<d_3$。图 4-5 为 n_p 随 C_I 的变化情况。由图 4-6 可知，随着 C_I 的增大，系统的最优总成本也随之增大。这说明系统总成本对固定检验成本敏感，且与固定检验成本呈正相关。

h_s 对 y_j、Q_j、n_p、系统总成本的影响见图 4-7 至图 4-10。h_s 对 y_j 和 TC 的影响与 C_I 对 y_j 和 TC 的影响非常相似。由图 4-8 可知，随着 h_s 的增

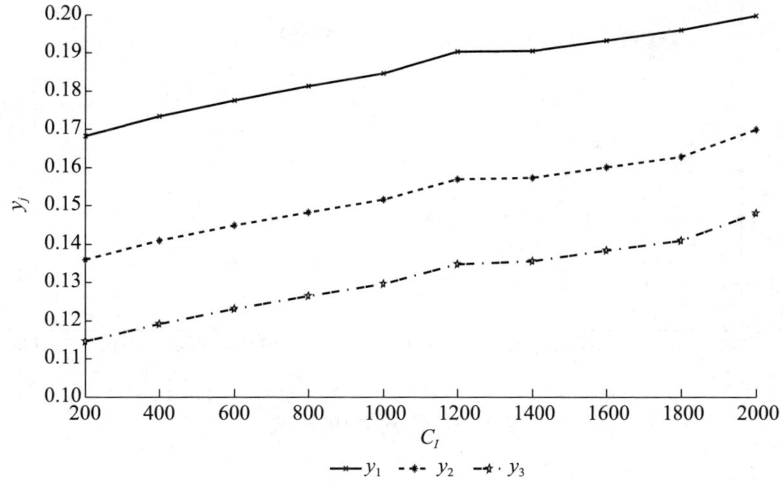

图 4-3　C_I 对 y_j 的影响

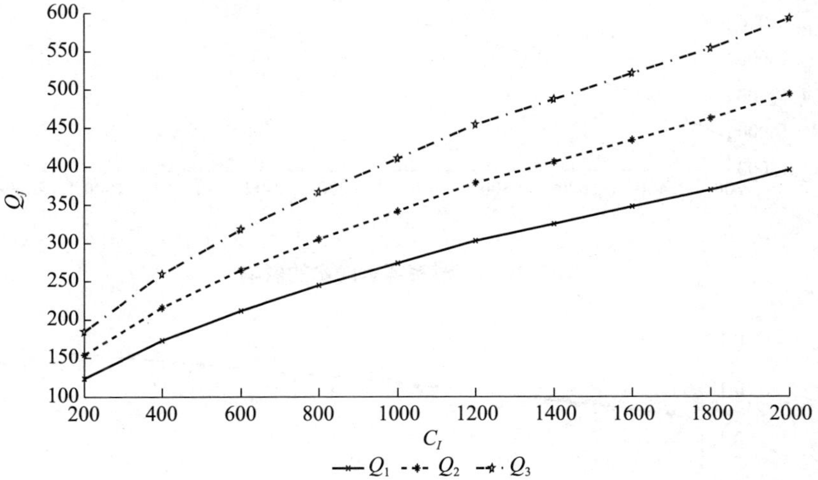

图 4-4　C_I 对 Q_j 的影响

加，各个零售商在每个周期收到的可复用物流容器的数量 Q_1、Q_2 和 Q_3 会减少。图 4-9 表明容器的补货频率 n_p 对供应商的库存持有成本 h_s 的变化不敏感。当供应商的库存持有成本较高时，建议减少每个周期运往零售商处的可复用物流容器的批次，用于降低容器丢失率的投资可以相应减少。

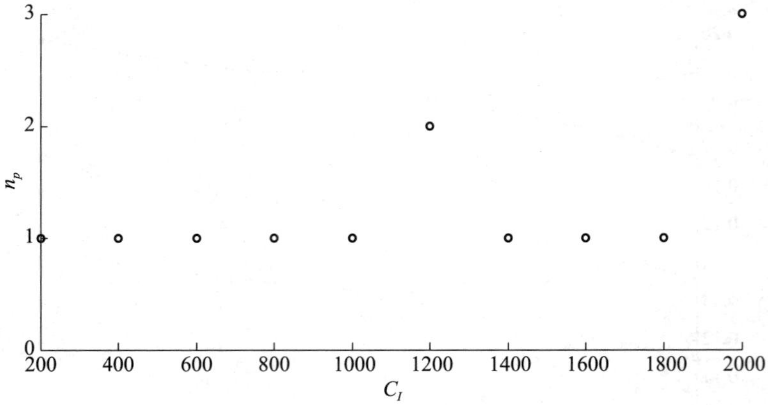

图 4-5　C_I 对 n_p 的影响

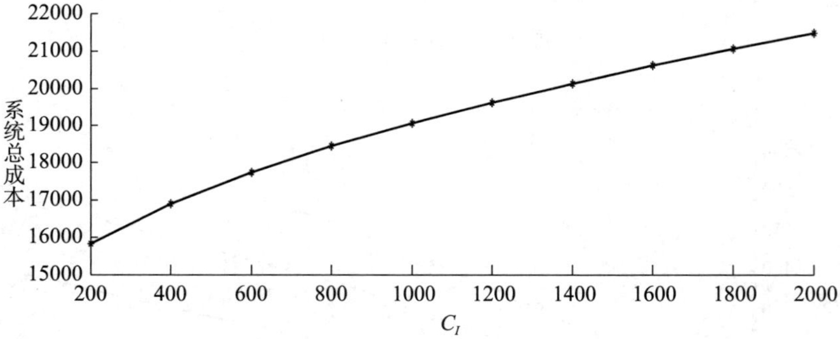

图 4-6　C_I 对系统总成本的影响

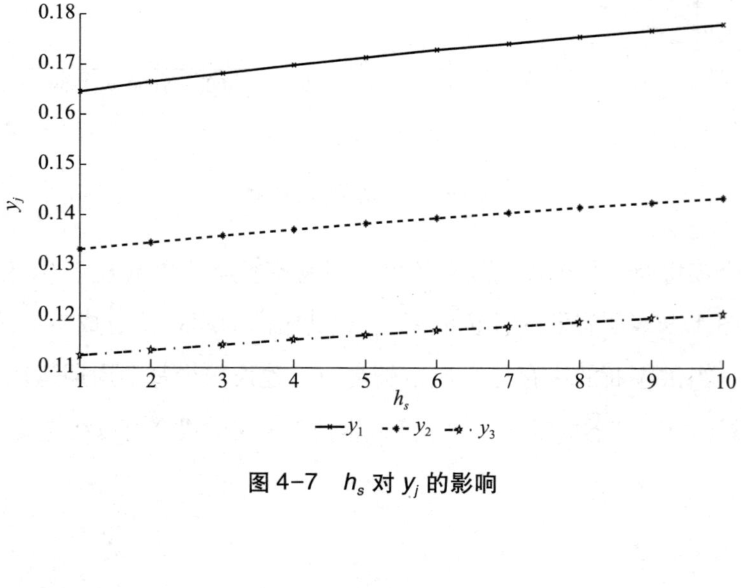

图 4-7　h_s 对 y_j 的影响

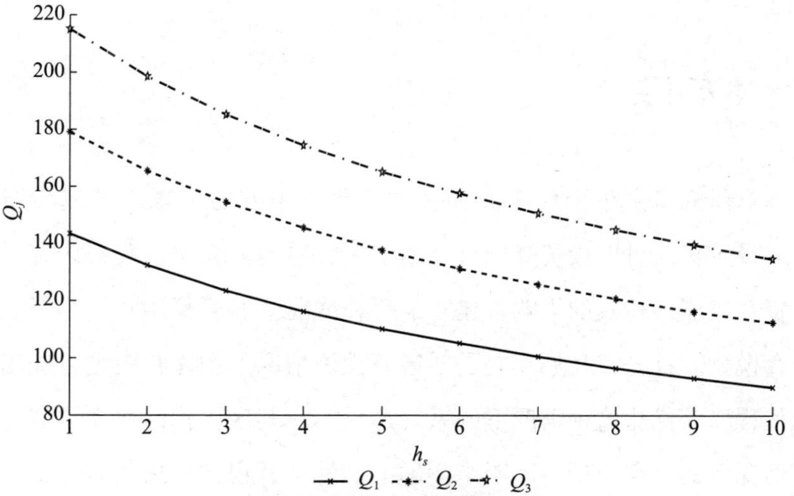

图 4-8　h_s 对 Q_j 的影响

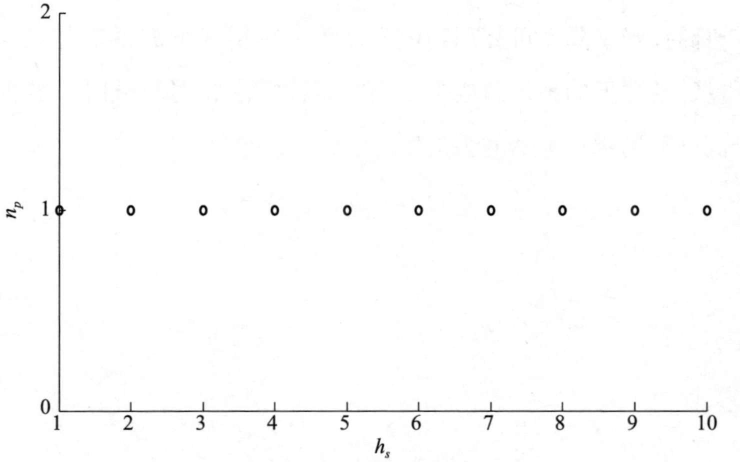

图 4-9　h_s 对 n_p 的影响

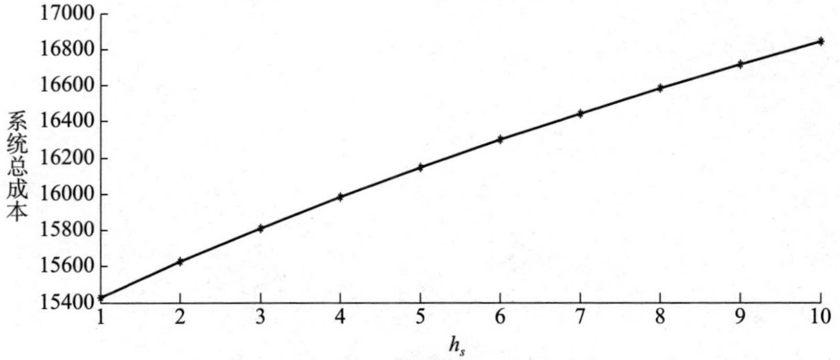

图 4-10　h_s 对系统总成本的影响

4.7 本章小结

本章研究了由单个供应商和多个零售商组成的可复用物流容器供应链。假设零售商可以投资降低可复用物流容器的丢失率，我们研究了零售商投资对供应链绩效的影响，建立了两种情况下的可复用物流容器供应链的库存模型。首先，我们建立了零售商投资情况下的库存模型，提出了一个迭代程序来优化这种情况下的系统总成本。其次，我们建立了零售商不投资情况下的库存模型，证明了问题的凸性，并得到了最优解。最后，我们在数值实验中比较了两种情况下的系统最优总成本和最优解。结果表明，零售商投资于降低可复用物流容器丢失率情况下的系统总成本低于零售商不投资情况下的系统总成本。当零售商需求相对较低时，零售商不会投资降低可复用物流容器的丢失率。

第 5 章

考虑零售商回收努力的可复用物流容器库存管理研究

5.1 问题描述

本章考虑如下情形：供应链由单个供应商和单个零售商组成，供应商使用可复用物流容器将产品运送给零售商，当可复用物流容器由满载变为空载的时候，零售商将它们返还给零售商。由于零售商管理上的疏漏，零售商返回的容器比接收到的容器少。空容器的数量减少会导致供应商下一次装运的延误，为此供应商需要购买新容器来补充丢失的容器。这对于供应商而言，会增加运营成本。假设零售商通过投入更多的努力在容器回收上，可以降低可复用物流容器的丢失率。$e(e\geqslant 1)$是零售商容器回收努力程度，假设零售商的努力成本为$\frac{1}{2}k\ (e-1)^2$。Ferguson 等在无缺陷退货的研究中假设：给定零售商的努力 ρ，无缺陷退货的数量 $E\{X(\rho)\}=\frac{\beta}{\rho}$，$\beta$ 是零售商投入最小努力水平 $\rho=1$ 时的无缺陷退货数量。我们采用了类似的假设用于可复用物流容器。零售商容器回收努力水平会影响容器的丢失率。

本章建立了考虑零售商努力成本的可复用物流容器的成本模型，以可复用物流容器从供应商到零售商的循环周期、可复用物流容器的订购次数和零售商为降低容器丢失率付出的努力为决策变量，以系统总成本最小作为目标函数，对模型进行了优化。建立了不考虑零售商努力成本的模型作为参照，并比较了两种情况下的系统总成本，发现零售商投入额外努力成本用于降低可复用物流成本丢失率时，系统总成本降低了。

空容器的库存变化如图 5-1 所示，空容器流程图如图 5-2 所示。可使用的容器以需求率提供给零售商，零售商接受装满货物的容器，货物销售后，得到空容器，在这个过程中有 α 比例的容器返回到使用过的容器处，$1-\alpha$ 比例的容器丢失了。容器返回率是 αd，丢失率是 $(1-\alpha)d$。容器的丢失主要发生在零售商一方，为了降低容器回收过程中的丢失率，引入零售商容器回收努力这一参数，讨论容器回收努力对系统总成本的影响。当零售商不付出额外的努力 $(e=1)$ 时，容器丢失率为 $1-\alpha$，当零售商付出额外的努力 $(e>1)$ 时，容器丢失率为 $(1-\alpha)/e$。当 $e=1$ 时，容器丢失数量为 $dT(1-\alpha)$，回收的容器数量是 αdT，购买容器的数量是 $dT(1-\alpha)$。当 $e>1$ 时，容器丢失数量为 $dT(1-\alpha)\frac{1}{e}$，回收的容器数量是 $dT-dT(1-\alpha)\frac{1}{e}$，即 $dT\left[1-(1-\alpha)\frac{1}{e}\right]$。

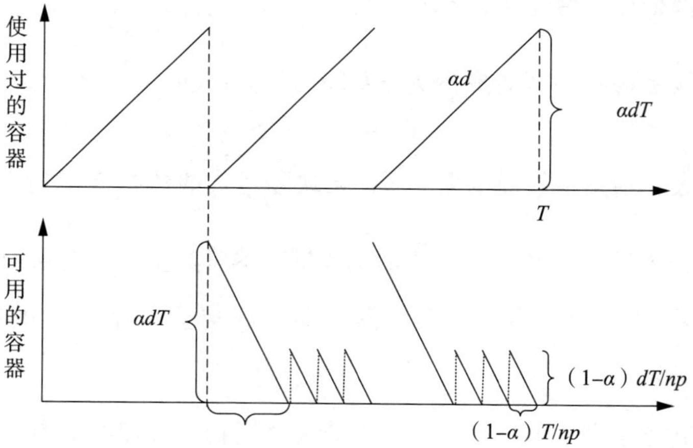

(a) 不考虑努力成本时空容器的库存变化

图 5-1　空容器的库存变化

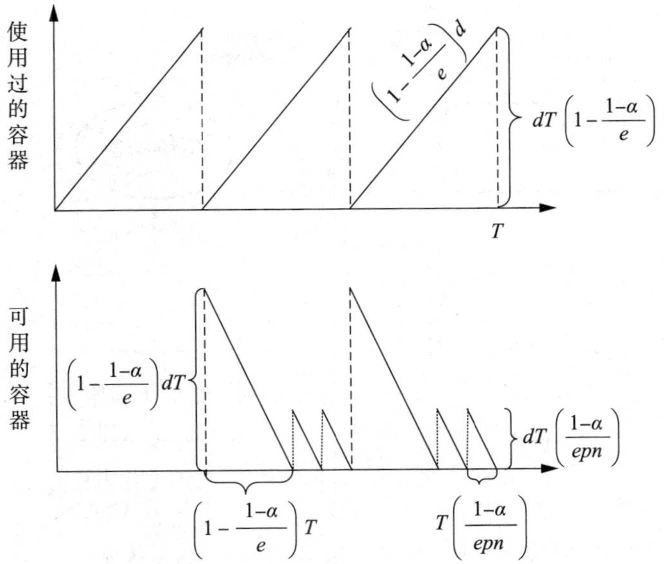

（b）考虑努力成本时空容器的库存变化

图 5-1　空容器的库存变化（续）

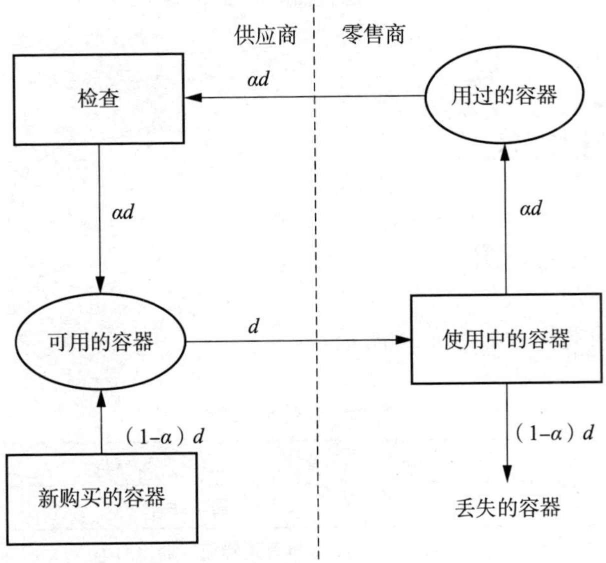

（a）不考虑努力成本的容器流程图

图 5-2　空容器的流程图

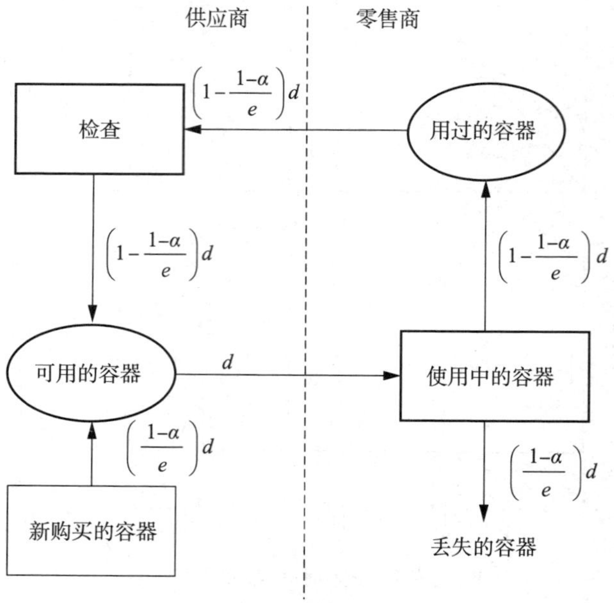

（b）考虑努力成本的容器流程图

图 5-2　空容器的流程图(续)

5.2　假设和符号

5.2.1　符号说明

本章使用的符号如表 5-1 所示。

表 5-1　符号说明

参数	
d	需求率
α	可复用物流容器返回率
C_I	可复用物流容器的固定检查成本
C_P	可复用物流容器的固定订货成本
c_i	可复用物流容器的变动检查成本

续表

参数	
c_p	单位可复用物流容器的购买成本
h_u	零售商的可复用物流容器的持有成本
h_s	供应商的可复用物流容器的持有成本
决策变量	
n_p	可复用物流容器的订购次数
e	零售商为降低可复用物流容器丢失率付出的努力
T	可复用物流容器从供应商到零售商的循环周期

5.2.2 假设条件

模型中使用的假设如下：

（1）供应链由单个供应商和单个零售商组成，供应商将产品运送给零售商，产品采用可复用物流容器进行包装。

（2）$e(e\geqslant 1)$是零售商容器回收努力程度，假设零售商的努力成本为$\frac{1}{2}k\,(e-1)^2$。

（3）Ferguson 等在无缺陷退货的研究中假设：给定零售商的努力为ρ，无缺陷退货的数量为$E\{X(\rho)\}=\frac{\beta}{\rho}$，$\beta$是零售商投入最小努力水平$\rho=1$时的无缺陷退货数量。我们采用了类似的假设用于可复用物流容器。零售商容器回收努力程度会影响容器的丢失率，当零售商不付出额外的努力$(e=1)$时，容器丢失率为$1-\alpha$，当零售商付出额外的努力$(e>1)$时，容器丢失率为$(1-\alpha)/e$。当$e=1$时，容器丢失数量为$dT(1-\alpha)$，回收的容器数量为αdT，购买容器的数量为$dT(1-\alpha)$。当$e>1$时，容器丢失数量为$dT(1-\alpha)\frac{1}{e}$，回收的容器数量为$dT-dT(1-\alpha)\frac{1}{e}$，即$dT\left[1-(1-\alpha)\frac{1}{e}\right]$。

5.3 考虑零售商回收努力的可复用物流容器库存管理模型

考虑零售商回收努力时，可复用物流容器的总成本为：$TC=FC+VC+HC+C(e)$。FC 和 VC 分别代表固定成本和变动成本，包括与可复用物流容器有关的检查成本和订购成本。每周期要产生可复用物流容器的固定检查成本和固定订购成本。可复用物流容器的变动检查成本和变动订购成本与可复用物流容器的数量呈正相关。表达式如下：

$$FC=\frac{C_I+n_p C_P}{T} \tag{5-1}$$

$$VC=(1-\alpha)\frac{1}{e}dc_p+\left[1-(1-\alpha)\frac{1}{e}\right]dc_i \tag{5-2}$$

HC 代表可复用物流容器的库存持有成本，包括供应商和零售商的库存持有成本。供应商和零售商的库存变化如图 5-1(b)所示。HC 的表达式如下：

$$HC=\frac{h_s(1-\alpha)^2 dT}{2e^2 n_p}+\frac{1}{2}h_s dT\left(1-\frac{1-\alpha}{e}\right)^2+\frac{1}{2}dT\left(1-\frac{1-\alpha}{e}\right)h_u \tag{5-3}$$

考虑零售商努力成本时，可复用物流容器在闭环供应链的总成本如下：

$$\begin{aligned}TC_S^E(T,n,e)=&\frac{nC_P+C_I}{T}+c_i d\left(1-\frac{1-\alpha}{e}\right)+\frac{(1-\alpha)dc_p}{e}+\\&\frac{h_s(1-\alpha)^2 dT}{2e^2 n}+\frac{1}{2}h_s dT\left(1-\frac{1-\alpha}{e}\right)^2+\\&\frac{1}{2}dT\left(1-\frac{1-\alpha}{e}\right)h_u+\frac{(e-1)^2 k}{2T}\end{aligned} \tag{5-4}$$

我们需要解决以下优化问题：

$$\text{Min } TC_S^E(T,\ n,\ e)=\frac{nC_P+C_I}{T}+c_i d\left(1-\frac{1-\alpha}{e}\right)+\frac{(1-\alpha)dc_p}{e}+$$
$$\frac{h_s(1-\alpha)^2 dT}{2e^2 n}+\frac{1}{2}h_s dT\left(1-\frac{1-\alpha}{e}\right)^2+ \tag{5-5}$$
$$\frac{1}{2}dT\left(1-\frac{1-\alpha}{e}\right)h_u+\frac{(e-1)^2 k}{2T},$$
$$\text{subject to } T>0,\ n\in\mathbb{N}^*,\ e>1$$

在上述优化问题中，决策变量为 T、n 和 e，我们需要找到最小化 $TC_S^E(T,\ n,\ e)$ 的最优解。接下来，我们开发了一个程序来最小化总成本函数 $TC_S^E(T,\ n,\ e)$，并求出 T、n 和 e 的最优值。

对于固定的 T 和 e，$TC_S^E(T,\ n,\ e)$ 关于 n 的二阶偏导数如下：

$$\frac{\partial^2 TC_S^E(T,\ n,\ e)}{\partial n^2}=\frac{(1-\alpha)^2 dh_s T}{e^2 n^3}>0 \tag{5-6}$$

因此，总成本函数 $TC_S^E(T,\ n,\ e)$ 对于 n 是凸的，寻找最优补货频率 n^* 可以简化为找到一个局部最优解。

接下来，我们给出了一些理论结果，以求得最优容器返回周期以及最佳的回收努力水平 e^*。

为了符号使用方便，令

$$T_l=\frac{c_p-c_i}{h_s+\frac{h_u}{2}},\quad T_r=\frac{c_p-c_i}{h_s\left(\alpha+\frac{\alpha-1}{n}\right)+\frac{h_u}{2}} \tag{5-7}$$

引理 5-1：对于固定的 n 和给定的 T，我们得到：

(a) 如果 $T_l\leqslant T<T_r$，总成本函数 $TC_S^E(T,\ n,\ e)$ 是凸函数，在 $e=e^*$ 处达到全局最小值。

(b) 如果 $T\geqslant T_r$，总成本函数 $TC_S^E(T,\ n,\ e)$ 在 $e=1$ 处取得最小值。

(c) 如果 $T<T_l$ 且 e^* 满足 $\frac{\partial g(e)}{\partial e}>0$，总成本函数 $TC_S^E(T,\ n,\ e)$ 是凸函

数且在 $e=e^*$ 处达到全局最小值。否则，总成本函数 $TC_S^E(T, n, e)$ 在 $e=\sup[e]$时达到最小值。

证明见附录 5-A。

引理 5-2：对于固定的 n 和给定的 $e^* \in [1, \infty]$，存在唯一的最小化总成本函数 $TC_S^E(T, n, e)$。

证明见附录 5-B。

我们从引理 5-1 和引理 5-2 中得到如下定理：

定理 5-1：对于固定的 n，使得总成本函数 $TC_S^E(T, n, e)$ 最小化的最优值(T^*, e^*)存在且唯一。最优解可以用一个迭代程序得到。

5.4 算法

为了得到最优解，我们采用了类似于 Shah 等[77]和 Wu 等[100]的迭代程序，提出以下算法。

第一步：设置 $n=1$。

第二步：设置 $j=1$ 并初始化 $T_0^{(j)}$ 为 $\sqrt{\dfrac{2C_I}{\alpha d(\alpha h_s+h_u)}}$。

第三步：计算 T_l 和 T_r，执行(3.1)、(3.2)或(3.3)，其中 $g(e)$ 由式(5-A-3)给出。

(3.1)如果 $T_l \leqslant T_0^{(j)} < T_r$，通过求解 $g(e)=0$ 得到 $e^{(j)}$。将 $e^{(j)}$ 代入式(5-B-2)可得 $T^{(j)}$。设置 $T_0^{(j+1)}=T^{(j)}$ 和 $e_0^{(j)}=e^{(j)}$。

(3.2)如果 $T_0^{(j)} \geqslant T_r$，那么设置 $e^{(j)}$，$T^{(j)}=(1, T^*)$，其中将 $e^{(j)}=1$ 代入式(5-B-2)可得 T^*。设置 $T_0^{(j+1)}=T^{(j)}$ 和 $e_0^{(j)}=e^{(j)}$。

(3.3)如果 $T_0^{(j)} < T_l$，通过求解 $g(e)=0$ 得到 $e^{(j)}$，并求出满足$\dfrac{\partial g(e)}{\partial e}>0$的区间。如果 $e^{(j)}$ 满足$\dfrac{\partial g(e)}{\partial e}>0$，将 $e^{(j)}$ 代入式(5-B-2)可得 $T^{(j)}$。设置

$T_0^{(j+1)}=T^{(j)}$ 和 $e_0^{(j)}=e^{(j)}$。否则，求得满足 $\frac{\partial g(e)}{\partial e}<0$ 的区间，即 $1<e<\sup[e]$，其中 $\sup[e]$ 是满足 $\frac{\partial g(e)}{\partial e}<0$ 的上界。然后设置 $(e^{(j)}, T^{(j)})=(\sup[e], T^*)$，其中将 $e^{(j)}=\sup[e]$ 代入式（5-B-2）可得 T^*。设置 $T_0^{(j+1)}=T^{(j)}$ 和 $e_0^{(j)}=\sup[e]$。

第四步：如果 $|T_0^{(j+1)}-T_0^{(j)}|\leqslant 10^{-4}$，那么设置 $(e^*, T^*)=(e_0^{(j)}, T_0^{(j+1)})$，转到第五步。否则设置 $j=j+1$，返回第三步。

第五步：求出 $TC_S^E(T^*, n, e^*)$，其中 (T^*, e^*) 是固定 n 时的最优解，$TC_S^E(T^*, n, e^*)$ 是固定 n 时的最优总成本。

第六步：设置 $n'=n+1$，回到第二步，执行第二步到第五步，得到 $TC_S^E(T^*, n', e^*)$，然后进入第七步。

第七步：如果 $TC_S^E(T^*, n', e^*)\leqslant TC_S^E(T^*, n, e^*)$，那么 $n=n'$，返回第六步。否则进入第八步。

第八步：设置 $(T^*, n^*, e^*)=(T^*, n, e^*)$，$(T^*, n^*, e^*)$ 是最优解。

考虑零售商努力成本时，可复用物流容器在闭环供应链的最优总成本如下：

$$TC_S^E(T^*, n^*, e^*)=\frac{n^*C_P+C_I}{T^*}+c_i d\left(1-\frac{1-\alpha}{e}\right)+\frac{(1-\alpha)dc_p}{e^*}+\frac{h_s(1-\alpha)^2 dT^*}{2e^{*2}n^*}+\frac{1}{2}h_s dT^*\left(1-\frac{1-\alpha}{e^*}\right)^2+\frac{1}{2}dT^*\left(1-\frac{1-\alpha}{e^*}\right)h_u+\frac{(e^*-1)^2 k}{2T^*} \tag{5-8}$$

考虑零售商努力成本时，供应商成本如下：

$$TC_S^E(T^*, n^*, e^*)=\frac{n^*C_P+C_I}{T^*}+c_i d\left(1-\frac{1-\alpha}{e^*}\right)+\frac{(1-\alpha)dc_p}{e^*}+$$

$$\frac{h_s(1-\alpha)^2dT^*}{2e^{*2}n^*}+\frac{1}{2}h_sdT^*\left(1-\frac{1-\alpha}{e^*}\right)^2 \tag{5-9}$$

考虑零售商努力成本时，零售商成本如下：

$$TC_R^E(T^*,\ n^*,\ e^*)=\frac{1}{2}dT^*\left(1-\frac{1-\alpha}{e^*}\right)h_u+\frac{(e^*-1)^2k}{2T^*} \tag{5-10}$$

5.5 不考虑零售商回收努力的可复用物流容器库存管理模型

我们将零售商不投入额外努力降低可复用物流容器丢失率的情况作为基准，后面我们将比较考虑零售商努力成本和不考虑零售商努力成本的情况。

零售商不投入额外努力降低可复用物流容器丢失率时，可复用物流容器在供应链的总成本包括与可复用物流容器有关的固定成本、变动成本、供应商和零售商的库存成本。表达式如下：

$$TC_S^{NE}=\alpha dc_i+(1-\alpha)dc_p+\frac{C_Pn_p+C_I}{T}+\frac{h_s(1-\alpha)^2dT}{2n_p}+\frac{1}{2}\alpha^2dTh_s+\frac{1}{2}\alpha dTh_u \tag{5-11}$$

我们需要求解以下优化问题：

$$\text{Min } TC_S^{NE}(T,\ n)=\alpha dc_i+(1-\alpha)dc_p+\frac{nC_P+C_I}{T}+\frac{h_s(1-\alpha)^2dT}{2n}+\frac{1}{2}\alpha^2dTh_s+\frac{1}{2}\alpha dTh_u,$$
$$\text{subject to } T>0,\ n\in\mathbb{N}^* \tag{5-12}$$

我们暂时放宽 n 的整数限制。

定理 5-2 目标函数 $TC_S^{NE}(T,\ n)$ 为凸函数。

证明见附录 5-C。

最优解 $T^{**}=\sqrt{\dfrac{2C_I}{\alpha d(\alpha h_s+h_u)}}$，$n^{**}=\sqrt{\dfrac{C_I h_s}{\alpha C_P(\alpha h_s+h_u)}}$。

由于 $n\in\mathbb{N}^*$，我们比较 $TC_S^{NE}(T^{**},\lfloor n^{**}\rfloor)$ 和 $TC_S^{NE}(T^{**},\lceil n^{**}\rceil)$，其中$\lfloor n^{**}\rfloor$代表 n 向下取整，$\lceil n^{**}\rceil$代表 n 向上取整。

如果 $TC_S^{NE}(T^{**},\lfloor n^{**}\rfloor)\geqslant TC_S^{NE}(T^{**},\lceil n^{**}\rceil)$，那么最优解是 $(T^{**},\lceil n^{**}\rceil)$；否则最优解是 $TC_S^{NE}(T^{**},\lfloor n^{**}\rfloor)$。

令$(T^{**},[n^{**}])$代表最优解，则有：

当零售商不投入额外努力降低可复用物流容器丢失率时，可复用物流容器在供应链的最低总成本如下：

$$TC_S^{NE}(T^{**},[n^{**}])=\alpha dc_i+(1-\alpha)dc_p+\frac{[n^{**}]C_P+C_I}{T^{**}}+\frac{h_s(1-\alpha)^2 dT^{**}}{2[n^{**}]}+\frac{1}{2}\alpha^2 dT^{**}h_s+\frac{1}{2}\alpha dT^{**}h_u \tag{5-13}$$

当供应商不投入额外努力降低可复用物流容器丢失率时，供应商的成本如下：

$$TC_S^{NE}(T^{**},[n^{**}])=\alpha dc_i+(1-\alpha)dc_p+\frac{1}{2}\alpha^2 dT^{**}h_s+\frac{[n^{**}]C_P+C_I}{T^{**}}+\frac{h_s(1-\alpha)^2 dT^{**}}{2[n^{**}]} \tag{5-14}$$

当零售商不投入额外努力降低可复用物流容器丢失率时，零售商的成本如下：

$$TC_R^{NE}(T^{**},[n^{**}])=\frac{1}{2}\alpha dT^{**}h_u \tag{5-15}$$

5.6 数值算例

我们假定 $d=1000$，$\alpha=0.6$，$k=1$，并使用表 5-2 中的参数进行数值

分析。

表 5-2　参数值

	固定成本	变动成本	持有成本
使用过的容器	200	2	4
可用的容器	—	—	3
购买的容器	10	10	3

对于上述参数，我们得到 $T_l=1.6$，$T_r=3.08$，$T_0^{(1)}=0.33903$，即 $T_0^{(1)}<T_l$，因此，执行算法(3.3)。由 $\frac{\partial g(e)}{\partial e}>0$ 得到，$e>6.24$。由 $g(e)=0$ 得到 $e^*=9.8777$，e^* 满足 $e>6.24$，所以 $e^*=9.8777$ 是给定 n、T 时的最优值。将 e^* 代入式(5-B-2)，得到 $T^{(1)}=0.27481$。将 $T^{(1)}$ 的值赋予 $T_0^{(2)}$，$e^{(1)}$ 的值赋予 $e_0^{(1)}$。如表 5-3 所示，经过 6 次迭代得到最优解。

表 5-3　求解过程的例证

n	j	$e_0^{(j)}$	$T_0^{(j+1)}$	$T_0^{(j)}$	$\|T_0^{(j+1)}-T_0^{(j)}\|$	TC_S^E
1	1	9.8777	0.27481	0.33903	0.06422	
	2	9.37502	0.27284	0.27481	0.00197	
	3	9.35764	0.27277	0.27284	0.00007	4137.78
2	1	9.86749	0.28027	0.33903	0.05876	
	2	9.41445	0.27855	0.28027	0.00172	
	3	9.39961	0.2785	0.27855	0.00005	4173.68

从算例得到的结果可以看出，当零售商付出额外努力用于降低可复用物流容器的丢失率时，供应链的最优总成本降低了。

我们将零售商付出额外回收努力的情况与零售商没有付出额外回收努力的情况进行比较。如表 5-4 所示，前一种情况和后一种情况下系统的最优总成本分别为 4137.78 和 6479.37。通过零售商的回收努力，总成本降低了。前一种情况下的最佳循环时间比后一种情况短，前一种情况下的最优补货频率低于后一种情况。

表 5-4　两种情况的比较

	T	e	n	TC_S	$C(e)$
投入努力	0.27	9.36	1	4137.78	128.02
不投入努力	0.34	—	2	6479.37	—

表 5-5 表明随着零售商库存持有成本的增加，最优循环周期 T^* 变短，零售商的最优努力水平 e 降低，系统最优总成本增加。容器的最佳补充次数 n 不受零售商库存持有成本的影响。

表 5-5　零售商库存成本对系统的影响

h_u	T^*	n_p^*	e^*	TC^*
1	0.37	1	10.35	3686.48
2	0.32	1	9.95	3852.79
3	0.29	1	9.62	4001.76
4	0.27	1	9.36	4137.78
5	0.25	1	9.13	4263.63
6	0.23	1	8.93	4381.27

图 5-3 显示了在零售商进行额外回收努力的情况下，闭环供应链的总成本低于零售商不进行额外回收努力的情况。系统的总成本减少，直到回收努力水平达到最优的努力水平 e^*，然后系统的总成本增加。这一结果表明，通过增加零售商的回收努力，可以优化可复用物流容器供应链的总成本。

如图 5-4 所示，系统总成本随可复用物流容器的返回率(α)的增加而降低，这是合理的，因为当 α 增加时，花费在购买新容器上的费用会降低，从而使得总成本降低。

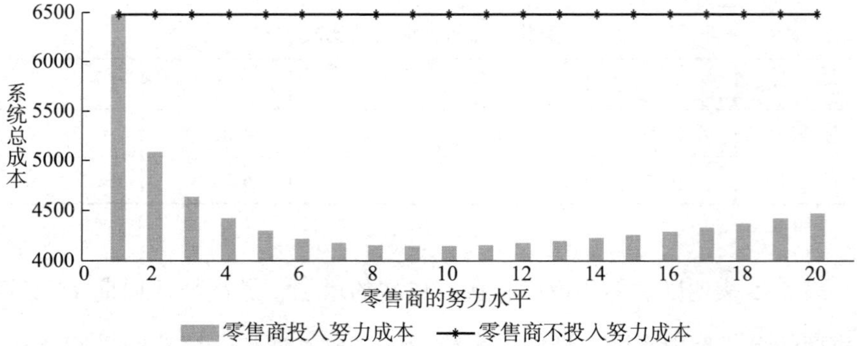

图 5-3　系统总成本随零售商努力水平的变化

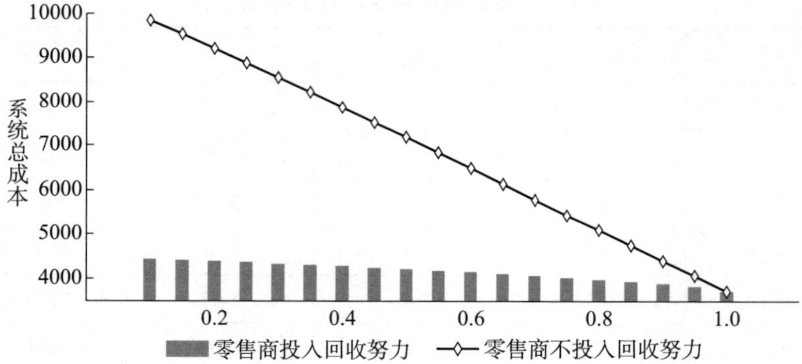

图 5-4　α 对系统总成本的影响

5.7　本章小结

本章研究了考虑零售商投入额外努力用于降低可复用物流容器丢失率情况下的可复用物流容器管理问题。首先建立了可复用物流容器使用中，考虑零售商投入额外努力的由供应商和零售商组成的供应链中的成本模型，以可复用物流容器从供应商到零售商的循环周期、新容器采购次数和零售商为降低容器丢失率付出的努力为决策变量，总成本最小为目标函数，总成本由与可复用物流容器使用相关的固定成本、变动成本和库存持有成本组成。对模型进行优化，得到最优解。其次建立了不考虑零售商投入额外努力的模型，作为参照。在数值实验部分，分析了主要参数对总成本的影响。通过数值分析，比较了两种情况下的总成本，发现零售商投入额外努力用于降低可复用物流容器丢失率时，系统总成本降低了。

第 6 章

容器返回连续情况下可复用物流容器的库存管理研究

6.1 问题描述

本章建立了闭环供应链下，考虑可复用物流容器的检查、维修和新容器购买情况下的总成本模型，同时考虑了零售商投入额外回收努力用于降低可复用物流容器的丢失率。考虑由单个制造商和多个零售商组成的供应链，制造商采用可复用物流容器装运产品。零售商将空容器收集起来，并将它们返回给制造商。返回的空容器经过检查，确定是否可以用于下一次的发货。经过检查的容器被移送到维修站维修。必要时维修站会更换空容器的零件，对空容器进行清洗和消毒。当维修工作完成以后，这些容器就会被送到可用容器区，等待用于下一次装运。作业流程以及检查和维修功能的接近性使得容器可以在每个流程完成后在库存队列之间连续地传输。检查和维修工作是分批进行的，所以制造商需要决定检查周期和维修周期。每周期零售商返回的容器数量少于收到的容器数量，因此制造商需要定期购买新容器，决定购买容器的频率。

$e(e\geqslant 1)$是零售商容器回收努力程度，假设零售商的努力成本为$\frac{1}{2}k(e-1)^2$。零售商容器回收努力程度会影响容器的丢失率，当零售商不付出额外的努力($e=1$)时，容器丢失率为$1-\alpha$，当零售商付出额外的努力($e>1$)时，容器丢失率为$\frac{1-\alpha}{e}$。

本章考虑的可复用物流容器闭环供应链模型如图 6-1 所示，供应商使

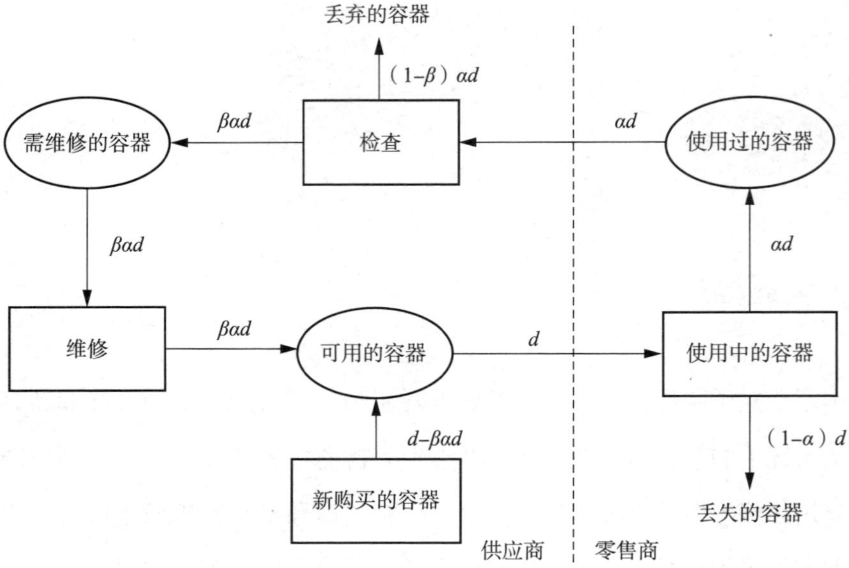

(a) 不考虑努力成本的流程图

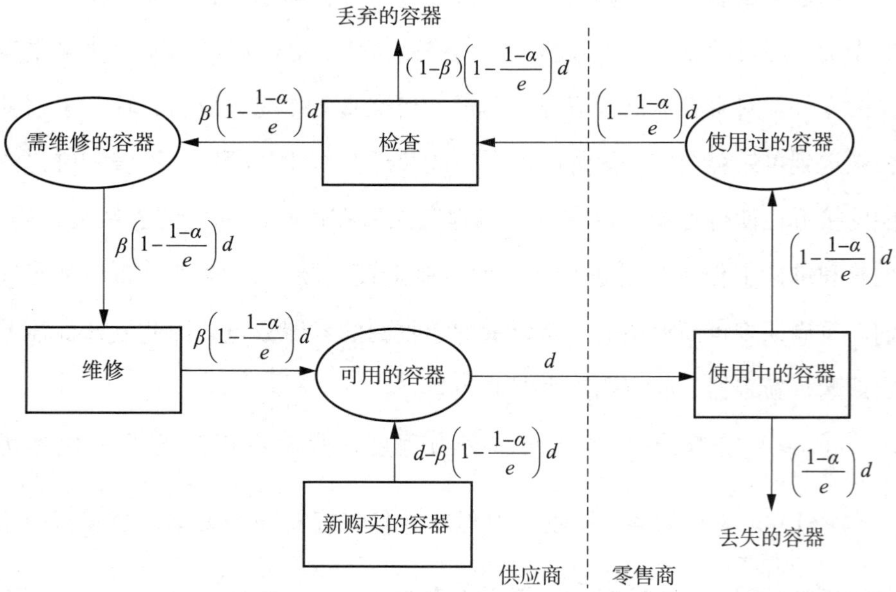

(b) 考虑努力成本的流程图

图 6-1 容器管理的流程图

用可复用物流容器来包装其产品，并将产品运送给零售商。$\left(1-\frac{1-\alpha}{e}\right)d$ 的容器返回给供应商，$\left(\frac{1-\alpha}{e}\right)d$ 的容器由于零售商的管理疏漏而丢失了。

在供应商处，返回的空容器经过检查来确定使用状况，$\beta\left(1-\frac{1-\alpha}{e}\right)d$ 的容器被认定可以继续投入使用，它们被送到空容器维修点(IRC)，剩下的容器被认定不能再度使用而被当作废品处理。$\beta\left(1-\frac{1-\alpha}{e}\right)d$ 的容器在 IRC 被修复之后，就补充到供应商的空容器区(ISC)，准备进行下一次装运。假设空容器的检查和维修工作是同时开始的，检查的速度 i 比维修的速度 r 大，即 $i>r$。

在 IPC，$\left[1-\beta\left(1-\frac{1-\alpha}{e}\right)\right]d$ 的新容器补充到 ISC 以满足生产的需要。检查和维修工作是批量进行的，零售商需要对容器的检查周期和维修周期进行决策。另外，每个周期容器的返回率小于 1，为了补偿丢失的容器，供应商需要对新容器的购买周期进行决策。

6.2 符号说明

6.2.1 符号说明

本章使用的符号如表 6-1 所示。

表 6-1　符号说明

参数	
d	需求率
α	可复用物流容器返回率($0\leqslant\alpha\leqslant1$)
β	返回的容器的可修复率($0\leqslant\beta\leqslant1$)

续表

参数	
C_I	可复用物流容器的固定检查成本
C_R	可复用物流容器的固定维修费用
C_P	可复用物流容器的固定订货成本
c_i	可复用物流容器的变动检查成本
c_r	可复用物流容器的变动维修成本
c_p	单位可复用物流容器的购买成本
s	不能维修的容器的残值
h_u	零售商的可复用物流容器的持有成本
h_r	可维修容器的持有成本
h_s	供应商的可复用物流容器的持有成本
h_p	购买的新容器的持有成本
i	单位时间的检查率
r	单位时间的维修率
w	一年的工作时间
D	一年的需求量($D=wd$)
决策变量	
T_P	可复用物流容器的购买周期
e	零售商回收努力水平
T_I	可复用物流容器的检查周期

6.2.2 假设条件

模型中使用的假设如下：

（1）供应链由单个供应商和多个零售商组成，供应商将产品运送给零售商，产品用可复用物流容器包装。假定可复用物流容器经多个零售商返回供应商的过程是连续的。

（2）$e(e\geqslant 1)$是零售商容器回收努力程度，假设零售商的努力成本为$\frac{1}{2}k(e-1)^2$。

（3）零售商容器回收努力程度会影响容器的丢失率，当零售商不付出额外的努力$(e=1)$时，容器丢失率为$1-\alpha$，当零售商付出额外的努力$(e>1)$时，容器丢失率为$\frac{1-\alpha}{e}$。

（4）假设空容器的检查和维修工作是同时开始的，检查的速度i比维修的速度r大，即$i>r$。

（5）空容器的返回率为α，返回的空容器的可维修率为β，假设$0\leqslant\alpha\leqslant 1$，$0\leqslant\beta\leqslant 1$。

考虑努力成本时空容器的库存变化见图6-2。

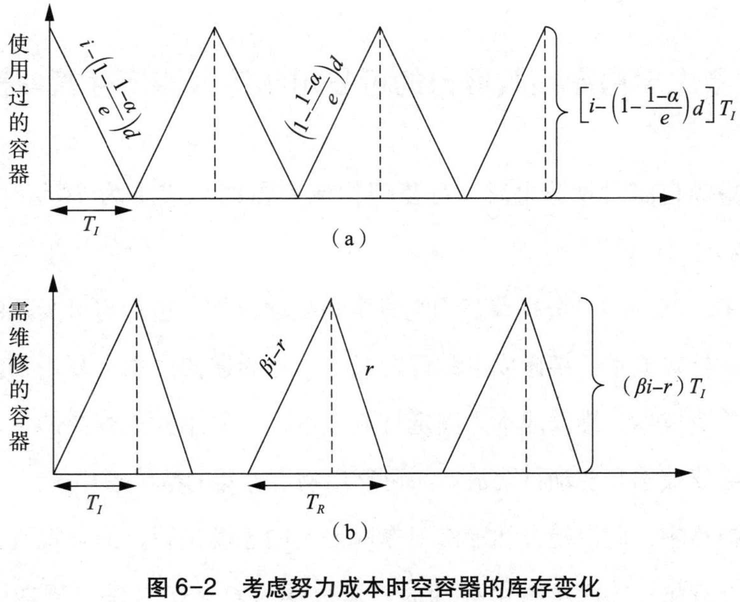

图6-2　考虑努力成本时空容器的库存变化

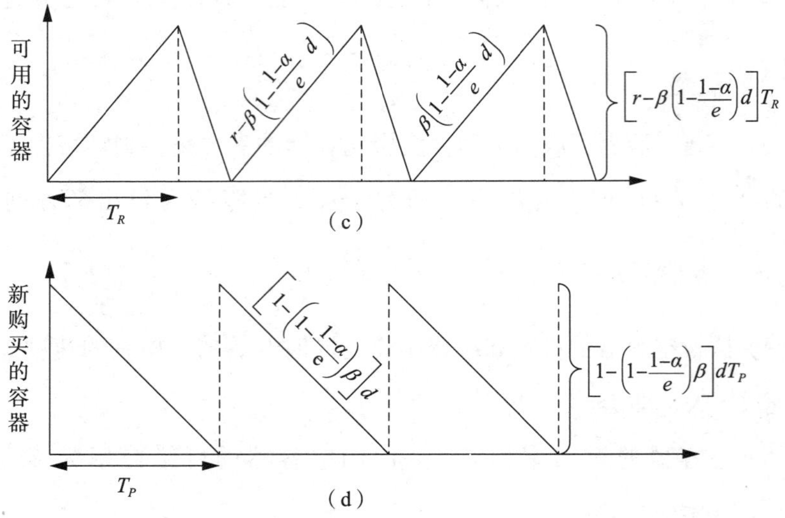

图 6-2　考虑努力成本时空容器的库存变化（续）

6.3　考虑零售商回收努力的可复用物流容器库存管理模型

考虑零售商回收努力时，可复用物流容器的总成本为 $TC=FC+VC+HC+C(e)$。

其中，FC 和 VC 分别代表固定成本和变动成本，包括与可复用物流容器有关的检查成本、维修成本和订购成本。每周期要产生可复用物流容器的固定检查成本、维修成本和固定订购成本。可复用物流容器的变动检查成本、维修成本和变动订购成本与可复用物流容器的数量正相关。

在模型中，假定检查和维修工作以恒定的速度进行，而且检查和维修工作同时开始。一次检查中处理的容器数量为 $Q_I=iT_I$，维修周期为 $T_R=\frac{\beta Q_I}{r}=\frac{\beta iT_I}{r}$。

将用过的容器在 IUC 中收集起来，直到达到最高库存水平，然后检查工作开始。每次检查有 iT_I 的容器被处理，一年中检查的天数为$\frac{\left(1-\frac{1-\alpha}{e}\right)D}{i}$，那么在一个周期中维修的时间所占的比例为$\frac{\left(1-\frac{1-\alpha}{e}\right)D}{wi}$，从而我们得到两次检查开始的时间间隔为 $w\frac{iT_I}{\left(1-\frac{1-\alpha}{e}\right)D}$，并由此得到 IUC 处的空容器的最大库存量为：$\left[w\frac{iT_I}{\left(1-\frac{1-\alpha}{e}\right)D}-T_I\right]\left(1-\frac{1-\alpha}{e}\right)d=T_I\left[i-\left(1-\frac{1-\alpha}{e}\right)d\right]$。如图 6-2(a)所示，在空容器的检查期间，IUC 处的空容器库存以 $i-\left(1-\frac{1-\alpha}{e}\right)d$ 的速率降低；在非检查期间，IUC 处的空容器库存以$\left(1-\frac{1-\alpha}{e}\right)d$ 的速率增加。IUC 处与空容器相关的固定成本为$\frac{\left(1-\frac{1-\alpha}{e}\right)D}{iT_I}C_I$，变动成本为$\left(1-\frac{1-\alpha}{e}\right)Dc_i-(1-\beta)\left(1-\frac{1-\alpha}{e}\right)Ds$，库存持有成本为$\frac{T_I\left[i-\left(1-\frac{1-\alpha}{e}\right)d\right]}{2}h_u$。

我们假定检查和维修同时开始，那么维修期间处理的容器数量为 $T_I\beta i=rT_R$。如图 6-2(b)所示，在检查期间，IRC 处的空容器数量以 $\beta i-r$ 的速率增加，当达到最大库存 $T_I(\beta i-r)$后，以 r 的速率降低。一年中维修的天数为$\frac{\beta\left(1-\frac{1-\alpha}{e}\right)D}{r}$，那么在一个周期中维修的时间所占的比例为$\frac{\beta\left(1-\frac{1-\alpha}{e}\right)D}{wr}$。IRC 处与空容器相关的固定成本为$\frac{\left(1-\frac{1-\alpha}{e}\right)D}{iT_I}C_R$，变动成本

为$\beta\left(1-\frac{1-\alpha}{e}\right)Dc_r$，库存持有成本为$\frac{\beta\left(1-\frac{1-\alpha}{e}\right)D}{wr}\frac{T_I(\beta i-r)}{2}h_r$。

如图 6-2(c)所示，在维修期间，ISC 处的空容器库存以$r-\beta\left(1-\frac{1-\alpha}{e}\right)d$的速率增加；在非维修期间，以$\beta\left(1-\frac{1-\alpha}{e}\right)d$的速率增加。ISC 处没有发生与空容器相关的固定成本和变动成本，库存持有成本为$\left\{\frac{T_I\beta i\left[r-\beta\left(1-\frac{1-\alpha}{e}\right)d\right]}{2r}\right\}h_s$。

如图 6-2(d)所示，IPC 处的库存以速率$\left[1-\left(1-\frac{1-\alpha}{e}\right)\beta\right]d$降低，每周期需要购买的新容器数量为$T_P\left[1-\left(1-\frac{1-\alpha}{e}\right)\beta\right]d$。IPC 处与空容器相关的固定成本为$\frac{w}{T_P}C_P$，变动成本为$\left[1-\beta\left(1-\frac{1-\alpha}{e}\right)\right]Dc_p$，库存持有成本为$\frac{T_I\left[1-\beta\left(1-\frac{1-\alpha}{e}\right)\right]d}{2}h_p$。

考虑零售商回收努力时，可复用物流容器的总成本为：$TC=FC+VC+HC+C(e)$。

其中，FC 和 VC 分别代表固定成本和变动成本，包括与可复用物流容器有关的检查成本、维修成本和订购成本。每周期要产生可复用物流容器的固定检查成本、维修成本和固定订购成本。可复用物流容器的变动检查成本、维修成本和变动订购成本与可复用物流容器的数量正相关。

各部分的固定成本、变动成本和库存持有成本如下：

$$FC=\frac{\left(1-\frac{1-\alpha}{e}\right)D}{iT_I}(C_I+C_R)+\frac{w}{T_P}C_P \tag{6-1}$$

$$VC=\left(1-\frac{1-\alpha}{e}\right)D[c_i-s+\beta(s+c_r-c_p)]+Dc_p \tag{6-2}$$

$$HC=\frac{T_I}{2}\left(\left[i-\left(1-\frac{1-\alpha}{e}\right)d\right]h_u+\frac{\beta\left(1-\frac{1-\alpha}{e}\right)D}{wr}(\beta i-r)h_r+\frac{\beta i\left[r-\beta-\left(1-\frac{1-\alpha}{e}\right)d\right]}{r}h_s\right)+\frac{T_P\left[1-\beta\left(1-\frac{1-\alpha}{e}\right)\right]d}{2}h_p \tag{6-3}$$

$C(e)$是零售商的回收努力成本，假设其为以下凸函数：

$$C(e)=\frac{(e-1)^2k}{2} \tag{6-4}$$

考虑零售商努力成本时，可复用物流容器在闭环供应链的总成本如下：

$$\begin{aligned}TC_S^E(T_I,\ T_P,\ e)=&\frac{\left(1-\frac{1-\alpha}{e}\right)wd}{iT_I}(C_I+C_R)+\frac{T_P\left[1-\beta\left(1-\frac{1-\alpha}{e}\right)\right]d}{2}h_p+\\&\left(1-\frac{1-\alpha}{e}\right)wd[c_i-s+\beta(s+c_r-c_p)]+wdc_p+\frac{w}{T_P}C_P+\\&\frac{T_I}{2}\left(\left[i-\left(1-\frac{1-\alpha}{e}\right)d\right]h_u+\frac{\beta\left(1-\frac{1-\alpha}{e}\right)d(\beta i-r)}{r}h_r+\frac{\beta i\left[r-\beta\left(1-\frac{1-\alpha}{e}\right)d\right]}{r}h_s\right)+\\&\frac{1}{2}k(e-1)^2\end{aligned} \tag{6-5}$$

我们解决如下优化问题：

$$TC_S^E(T_I,\ T_P,\ e)=\frac{\left(1-\frac{1-\alpha}{e}\right)wd}{iT_I}(C_I+C_R)+\frac{T_P\left[1-\beta\left(1-\frac{1-\alpha}{e}\right)\right]d}{2}h_p+$$

$$\left(1-\frac{1-\alpha}{e}\right)wd[c_i-s+\beta(s+c_r-c_p)]+wdc_p+\frac{w}{T_P}C_P+$$

$$\frac{T_I}{2}\left(\left[i-\left(1-\frac{1-\alpha}{e}\right)d\right]h_u+\frac{\beta\left(1-\frac{1-\alpha}{e}\right)d(\beta i-r)}{r}h_r+\frac{\beta i\left[r-\beta\left(1-\frac{1-\alpha}{e}\right)d\right]}{r}h_s\right)+$$

$$\frac{1}{2}k\ (e-1)^2,$$

$$\text{subject to } T_I>0,\ T_P>0,\ e>1 \tag{6-6}$$

引理 6-1：对于固定的 T_I 和 e，$TC_S^E(T_I,\ T_P,\ e)$ 对 T_P 是凸函数，在 $T_P=T_P^*$ 处取最小值；对于固定的 T_P 和 e，$TC_S^E(T_I,\ T_P,\ e)$ 对 T_I 是凸函数，在 $T_I=T_I^*$ 处取最小值。

证明见附录 6-A。

引理 6-2：对于固定的 T_P 和 T_I，可以得到使 $TC_S^E(T_I,\ T_P,\ e)$ 达到最小值的 e^* 值。

证明见附录 6-B。

由引理 6-1 和引理 6-2，我们可以得到以下定理。

定理 6-1：存在唯一的解（T_I^*，T_P^*，e^*），使得 $TC_S^E(T_I,\ T_P,\ e)$ 取得最小值，（T_I^*，T_P^*，e^*）可以通过一个迭代程序得到。

我们通过以下程序可得到最优解：

算法：

第一步：设置 $k=0$，设置 $e^{(k)}=1$。

第二步：将 $e^{(k)}$ 代入式（6-A-2）和式（6-A-5），计算 $T_I^{(k)}$ 和 $T_P^{(k)}$。

第三步：将 $T_I^{(k)}$ 和 $T_P^{(k)}$ 代入式(6-B-1)，令其等于 0，求得满足 $e>1$ 的解 e^{k+1}。

第四步：如果 $|e^{k+1}-e^k|\geqslant 10^{-5}$，则设置 $k=k+1$，返回第二步。否则设置$(T_I^*, T_P^*, e^*)=(T_I^{(k)}, T_P^{(k)}, e^{(k+1)})$，$(T_I^*, T_P^*, e^*)$是最优解。

考虑零售商努力成本时，可复用物流容器在闭环供应链的最优总成本如下：

$$TC_S^E(T_I, T_P, e)=\frac{\left(1-\frac{1-\alpha}{e^*}\right)D}{iT_I^*}(C_I+C_R)+\frac{T_P^*\left[1-\beta\left(1-\frac{1-\alpha}{e^*}\right)\right]d}{2}h_p+$$
$$\left(1-\frac{1-\alpha}{e^*}\right)D[c_i-s+\beta(s+c_r-c_p)]+Dc_p+\frac{w}{T_P^*}C_P+$$
$$\frac{T_I^*}{2}\left(\left[i-\left(1-\frac{1-\alpha}{e^*}\right)d\right]h_u+\frac{\beta\left(1-\frac{1-\alpha}{e^*}\right)D(\beta i-r)}{wr}h_r+\frac{\beta i\left[r-\beta\left(1-\frac{1-\alpha}{e^*}\right)d\right]}{r}h_s\right)+$$
$$\frac{1}{2}k(e^*-1)^2 \tag{6-7}$$

考虑零售商努力成本时，供应商成本如下：

$$TC_S^E(T_I, T_P, e)=\frac{\left(1-\frac{1-\alpha}{e^*}\right)D}{iT_I^*}(C_I+C_R)+\frac{T_P^*\left[1-\beta\left(1-\frac{1-\alpha}{e^*}\right)\right]d}{2}h_p+$$
$$\left(1-\frac{1-\alpha}{e^*}\right)D[c_i-s+\beta(s+c_r-c_p)]+Dc_p+\frac{w}{T_P^*}C_P+$$
$$\frac{T_I^*}{2}\left(\frac{\beta\left(1-\frac{1-\alpha}{e^*}\right)D(\beta i-r)}{wr}h_r+\frac{\beta i\left[r-\beta\left(1-\frac{1-\alpha}{e^*}\right)d\right]}{r}h_s\right) \tag{6-8}$$

考虑零售商努力成本时，零售商成本如下：

$$TC_R^E(T_I,\ T_P,\ e)=\frac{1}{2}k\ (e^*-1)^2+\frac{T_I^*}{2}h_u\left[i-d\left(1-\frac{1-\alpha}{e}\right)\right] \tag{6-9}$$

6.4 不考虑零售商回收努力的可复用物流容器库存管理模型

我们将零售商不投入额外努力降低可复用物流容器丢失率的情况作为基准，后面我们将比较考虑零售商努力成本和不考虑零售商努力成本的情况。

零售商不投入额外努力降低可复用物流容器丢失率时，可复用物流容器在供应链的总成本包括与可复用物流容器有关的固定成本、变动成本、供应商和零售商的库存成本，即 $TC=FC+VC+HC$。系统的固定成本、变动成本和库存持有成本如下：

$$FC=\frac{\alpha D}{iT_I}(C_I+C_R)+\frac{w}{T_P}C_P \tag{6-10}$$

$$VC=\alpha D[c_i-s+\beta(s+c_r-c_p)]+Dc_p \tag{6-11}$$

$$HC=\frac{T_I}{2}\left[(i-\alpha d)h_u+\frac{\beta\alpha D}{wr}(\beta i-r)h_r+\frac{\beta i(r-\beta\alpha d)}{r}h_s\right]+\frac{T_P(1-\beta\alpha)d}{2}h_p \tag{6-12}$$

零售商不投入额外努力降低可复用物流容器丢失率时，可复用物流容器在闭环供应链的总成本如下：

$$\begin{aligned}TC_S^{NE}(T_I,\ T_P)=&\frac{\alpha D}{iT_I}(C_I+C_R)+\frac{w}{T_P}C_P+\alpha D[c_i-s+\beta(s+c_r-c_p)]+\\&\frac{T_I}{2}\left[(i-\alpha d)h_u+\frac{\beta\alpha D}{wr}(\beta i-r)h_r+\frac{\beta i(r-\beta\alpha d)}{r}h_s\right]+\\&\frac{T_P(1-\beta\alpha)d}{2}h_p+Dc_p\end{aligned} \tag{6-13}$$

定理6-2：$(T_{INE}^{*}, T_{PNE}^{*})$是$TC_S^{NE}(T_I, T_P)$的全局最优解。

我们可以证明$TC_S^{NE}(T_I, T_P)$是凸函数，证明见附录6-C。T_I、T_P的最优解满足以下一阶导等于0的条件。

$$\frac{\partial TC_S^{NE}(T_I, T_P)}{\partial T_I}=0, \quad \frac{\partial TC_S^{NE}(T_I, T_P)}{\partial T_P}=0 \tag{6-14}$$

T_I、T_P的最优解如下：

$$T_{INE}^{*}=\sqrt{\frac{2\alpha Drw(C_R+C_I)}{i\{\beta[\alpha Dh_r(\beta i-r)+iwh_s(r-\alpha\beta d)]+rwh_u(i-\alpha d)\}}}, \quad T_{PNE}^{*}=\sqrt{\frac{2wC_P}{d(1-\alpha\beta)h_p}} \tag{6-15}$$

零售商不投入额外努力降低可复用物流容器丢失率时，可复用物流容器在供应链的最低总成本如下：

$$TC_S^{NE*}=DC_P+\alpha B(c_i+\beta(c_p+c_r+s)-s)+\sqrt{2dw(1-\alpha\beta)C_Ph_p}+\sqrt{\frac{2\alpha D(C_I+C_R)[\beta(\alpha Dh_r)(\beta i-r)+h_siw(r-\alpha\beta d)+h_urw(i-\alpha d)]}{irw}} \tag{6-16}$$

零售商不投入额外努力降低可复用物流容器丢失率时，零售商的成本如下：

$$TC_R^{BI*}=h_u(i-\alpha d)\sqrt{\frac{\alpha Drw(C_R+C_I)}{2i\{\beta[\alpha Dh_r(\beta i-r)+iwh_s(r-\alpha\beta d)]+rwh_u(i-\alpha d)\}}} \tag{6-17}$$

零售商不投入额外努力降低可复用物流容器丢失率时，供应商的成本如下：

$$TC_S^{NE*}=DC_P+\alpha D[c_i+\beta(c_p+c_r+s)-s]+\sqrt{2dw(1-\alpha\beta)C_Ph_p}+\sqrt{\frac{\alpha\beta^2D(D_R+C_I)[\alpha Dh_r(\beta_i-r)+iwh_s(r-\alpha\beta d)]^2}{2i\{\beta[\alpha Dh_r(\beta i-r)+iwh_s(r-\alpha\beta d)]+rwh_u(i-\alpha d)\}}}+\sqrt{\frac{\alpha D(C_I+C_R)h_urw(i-\alpha d)+\beta(\alpha Dh_r)(\beta i-r)+h_siw(r-\alpha\beta d)}{irw}} \tag{6-18}$$

6.5 数值算例

在这部分的数值算例中，我们采用表 6-2 的参数：

在表 6-2 中，*FC* 和 *VC* 分别代表检查、维修和购买容器的固定成本和变动成本。

前面我们提出了一个求解这个优化问题的迭代算法，利用上述参数，经过 3 次迭代我们可以得到最优解，如表 6-3 所示。

表 6-2　参数值

<table>
<tr><th></th><th>I</th><th>R</th><th>P</th><th>h_s</th><th>h_u</th><th>h_r</th><th>h_p</th><th>i</th><th>r</th><th>α</th><th>β</th><th>k</th><th>w</th><th>s</th><th>h_s</th></tr>
<tr><td>FC</td><td>200</td><td>400</td><td>100</td><td rowspan="2">5</td><td rowspan="2">2</td><td rowspan="2" colspan="2">3</td><td rowspan="2">5</td><td rowspan="2">12000</td><td rowspan="2">10000</td><td rowspan="2">0.93</td><td rowspan="2">0.95</td><td rowspan="2">1</td><td rowspan="2">240</td><td rowspan="2">40</td></tr>
<tr><td>VC</td><td>2</td><td>4</td><td>100</td></tr>
</table>

表 6-3　算法求解过程

	$k=0$	$k=1$	$k=2$
$e^{(k)}$	1	230.942	230.96104202
$T_I^{(k)}$	2.49	2.78	2.78
$T_P^{(k)}$	3.21	4.88	4.88
$e^{(k+1)}$	230.942	230.961	230.96104201
$\lvert e^{(k+1)}-e^{(k)}\rvert$	229.942	0.019	1.00×10^{-8}

两种情况下的决策变量和系统总成本的值如表 6-4 所示。

表 6-4　系统最优解

	T_I	T_P	e	TC
E	4.88	2.78	230.96	17054700
NE	2.48	3.21	—	29239949

其中 E 代表零售商为降低可复用物流容器的丢失率付出额外的回收努力，NE 代表零售商未付出额外的回收努力。根据算例得到的结果，可以看到当零售商付出额外回收努力用于降低可复用物流容器的丢失率时，供应链的最优总成本降低了，容器的检查周期和购买周期延长了。

表 6-5 表明当固定检查成本 C_I 从 100 增加到 500，最优检查周期 T_I 从 2.535 增加到 3.401。由于固定检查成本 C_I 增加，检查频率相应减少。随着固定检查成本 C_I 的增加，零售商的最优努力水平 e 从 230.626 上升到 230.632，可复用物流容器供应链的总成本从 1.7049×10^7 增加到 1.7070×10^7，而购买新容器的最佳周期 T_P 为 4.885，不受 C_I 变化的影响。

表 6-5　C_I 对系统的影响

C_I	T_I	T_P	e	TC
100	2.535	4.885	230.626	1.7049×10^7
200	2.777	4.885	230.627	1.7055×10^7
300	3.000	4.885	230.629	1.706×10^7
400	3.207	4.885	230.63	1.7065×10^7
500	3.401	4.885	230.632	1.7070×10^7

由表 6-6 可知，C_R 对系统的影响与 C_I 相似。随着固定维修成本 C_R 从 100 增加到 500，最优检查周期 T_I 由 2.267 变为 3.927。这是因为维修周期 T_R 与检查周期 T_I 正相关，当维修成本 C_R 增加时，维修周期 T_R 随之增大，检查周期 T_I 也随之增加。随着固定维修成本 C_R 的增加，零售商的最优努力水平 e 上升，可复用物流容器供应链总成本增加，而购买新容器的最优周期 T_P 不受 C_R 变化的影响。

表 6-6　C_R 对系统的影响

C_R	T_I	T_P	e^*	TC^*
100	2. 267	4. 885	230. 624	1.7042×10^7
200	2. 777	4. 885	230. 627	1.7055×10^7
300	3. 210	4. 885	230. 63	1.7065×10^7
400	3. 585	4. 885	230. 633	1.7075×10^7
500	3. 927	4. 885	230. 635	1.7083×10^7

图 6-3 显示了容器的可修复率(β)对决策变量的影响。随着 β 的增加，最优检查周期 T_I 减少，购买新容器的最佳周期 T_P 增加。这意味着当可复用物流容器可修复率增加时，检验次数减少，这可能是因为修理的容器增加了，需要购买的容器减少了。

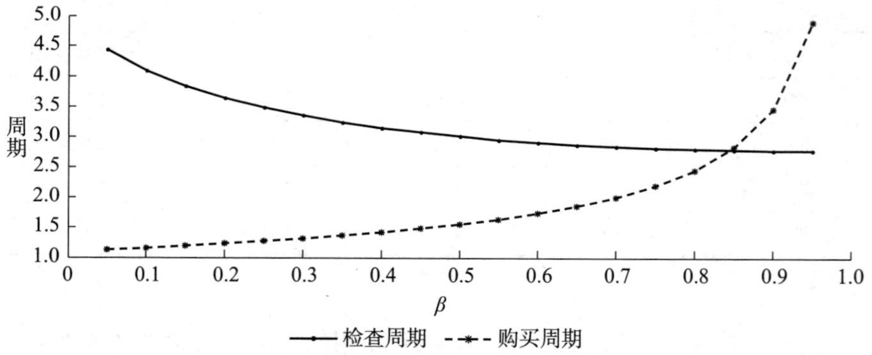

图 6-3　β 对检查周期和购买周期的影响

图 6-4 显示了 h_r 和 h_u 对最优检测时间 T_I 的影响。随着 h_r 的增加，T_I 降低。随着 h_u 的增加，T_I 降低。对于相同单位变化的 h_u 值，最优检查周期 T_I 下降速度更快。这说明容器的持有成本对最优检查时间 T_I 的影响更大。

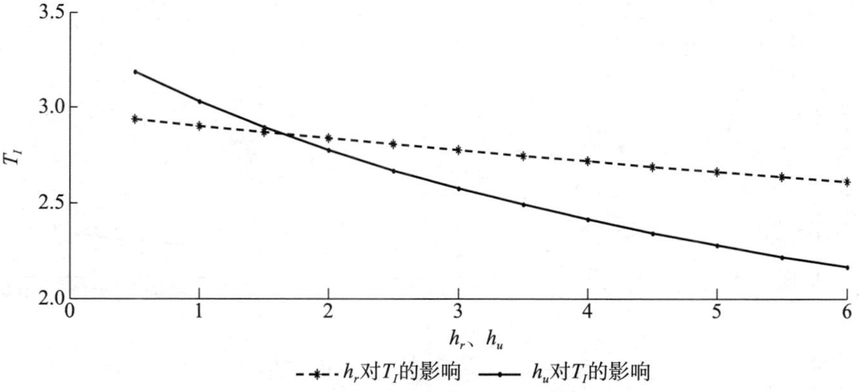

图 6-4　h_r、h_u 对 T_l 的影响

图 6-5 显示了容器返回率(α)对系统总成本的影响。随着 α 的增加，系统总成本 TC 降低。这是因为返回的可复用物流容器越多，需要购买的容器就越少，从而降低了总成本。同时，零售商在降低可复用物流容器的丢失率方面需要付出较少的努力。

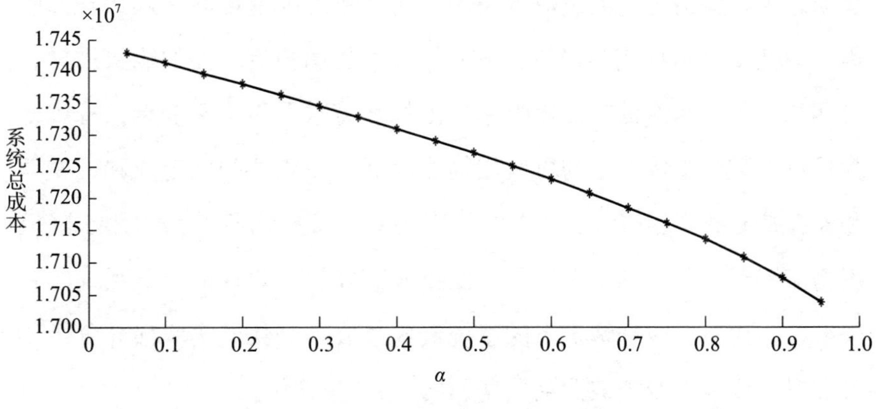

图 6-5　α 对系统总成本的影响

如图 6-6 所示，系统总成本随着零售商努力水平(e)的增加呈现出先降低后增加的趋势，开始零售商付出较少的努力，即能获得系统总成本较大幅度的减少，而且只要零售商付出努力来降低可复用物流容器的丢失率，系统总成本总能得到改善。

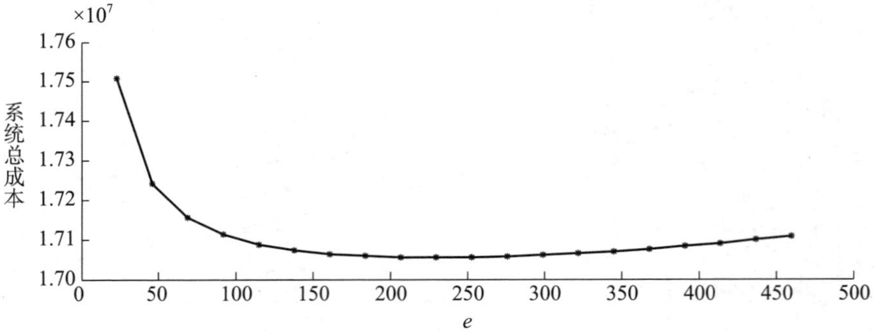

图 6-6 系统总成本随 e 的变化

6.6 本章小结

本章研究了考虑零售商投入额外回收努力的可复用物流容器的库存控制模型。本章首先建立了闭环供应链下，考虑可复用物流容器的检查、维修和新容器购买情况下的总成本模型，同时考虑了零售商投入额外回收努力用于降低可复用物流容器的丢失率，以可复用物流容器的购买周期、检查周期和零售商为降低容器丢失率付出的努力水平为决策变量，总成本最小为目标函数。总成本由与可复用物流容器使用相关的固定成本、变动成本和库存持有成本组成。分别建立了考虑零售商投入额外努力用于降低可复用物流容器丢失率和不考虑零售商投入额外努力两种情况下系统的总成本模型，并比较了两种情况下的系统最优总成本。数值实验部分分析了主要参数对总成本以及容器购买周期和检查周期的影响。

第 7 章

总结与研究展望

7.1 结论

可复用物流容器的研究属于闭环供应链研究的一个分支。闭环供应链管理的研究大多专注于原材料、中间产品和产成品的物流过程，而对于在供应链中用于运输产品的可复用物流容器的研究还未引起广泛的关注。本书主要研究了可复用物流容器供应链中考虑零售商回收努力和零售商投资用于降低容器丢失率两类情况下，可复用物流容器的成本优化管理问题。

首先对考虑零售商投资用于降低可复用物流容器丢失率情况下的可复用物流容器管理进行了研究。在单个供应商和单个零售商组成的供应链中，考虑零售商投资用于降低可复用物流容器丢失率情况下的可复用物流容器供应链的总成本模型，研究了可复用物流容器的订购次数、零售商投资后可复用物流容器的丢失率、每周期零售商收到的可复用物流容器的数量的最优决策问题。①建立了考虑零售商用于降低可复用物流容器丢失率的投资情况下的可复用物流容器供应链的总成本模型；②建立了不考虑零售商投资情况下的可复用物流容器供应链的总成本模型，比较了两种情况下系统最优总成本；③分析了考虑零售商用于降低可复用物流容器丢失率的投资情况下的可复用物流容器供应链的总成本模型中的旁支付与利益分配问题。

其次建立了由单一供应商和多个零售商组成的供应链中，考虑零售商投资用于降低可复用物流容器丢失率的可复用物流容器总成本模型。分别建立了考虑零售商投资用于降低可复用物流容器丢失率和不考虑零售商投资两种情况下系统的总成本模型，并比较了两种情况下的系统最优总成本。通过数值实验，分析了主要参数对系统总成本的影响。

再次研究了考虑零售商投入额外回收努力的可复用物流容器总成本模型。研究了可复用物流容器的订购次数、零售商为降低容器丢失率付出的努力、可复用物流容器循环周期的最优决策问题。建立了考虑零售商投入额外努力用于降低可复用物流容器丢失率和不考虑零售商投入额外努力两种情况下系统的总成本模型，并比较了两种情况下的系统最优总成本。同时研究了考虑零售商投入额外努力用于降低可复用物流容器丢失率情况下的利益分配问题，建立了基于努力成本分摊的利益分配机制。

最后研究了考虑零售商投入额外回收努力的可复用物流容器的库存控制模型。研究了可复用物流容器的购买周期、零售商为降低容器丢失率付出的努力、可复用物流容器的检查周期的最优决策问题。分别建立了考虑零售商投入额外努力用于降低可复用物流容器丢失率和不考虑零售商投入额外努力两种情况下系统的总成本模型，并比较了两种情况下的系统最优总成本。数值实验部分分析了主要参数对总成本以及容器购买周期和检查周期的影响。

7.2 研究展望

可复用物流容器的优化管理有助于协调物流容器的物流过程与产品的物流过程。本书研究了可复用物流容器供应链中考虑零售商回收努力和零售商投资用于降低容器丢失率两类情况下，可复用物流容器的成本优化管理问题。在将来的研究中，其他因素对可复用物流容器管理的影响是一个十分有意义的方向。

本书所考虑的需求是确定的，未来的研究可以继续关注于需求是随机的情况，比如考虑季节性因素的影响。本书假设可复用物流容器的返回率和修复率是常数和已知数，然而，在实际使用过程中，这些参数取决于容器回收的条件，它可能是不确定的或模糊的。考虑容器返回率和修复率是随机情况下的可复用物流容器管理将增强我们模型的实际适用性。

本书假设可复用物流容器的检查工作和维修工作同时开始，未来可以研究当可复用物流容器的检查工作和维修工作不是同时开始的情况下对系统的影响。考虑零售商回收努力情况下可复用物流容器管理时，本书考虑了由一个供应商和一个买家组成的供应链，研究更复杂的供应链并研究零售商投入额外努力如何改进这种系统中容器的管理将是很有趣的。在本书中所讨论的供应链，代表了更复杂的供应链的基本组成部分，使企业能够与最重要的供应商或买家协调关系。

参考文献

[1] JOHN S T, SRIDHARAN R, RAM KUMAR VAN HOEK P N, et al. Multi-period reverse logistics network design for used refrigerators [J]. Applied mathematical modelling, 2018, 54: 311-331.

[2] GOELLNER K N, SPARROW E. An environmental impact comparison of single-use and reusable thermally controlled shipping containers[J]. The international journal of life cycle assessment, 2014, 19(3): 611-619.

[3] TWEDE D, CLARKE R. Supply chain issues in reusable packaging [J]. Journal of marketing channels, 2004, 1(12): 7-26.

[4] ROSENAU W V, TWEDE D, MAZZEO M A, et al. Returnable/reusable logistical packaging: A capital budgeting investment decision framework[J]. Packaging, 1996, 17(2): 139.

[5] HELLSTRÖM D, JOHANSSON O. The impact of control strategies on the management of returnable transport items[J]. Transportation research Part E: Logistics and transportation review, 2010, 46(6): 1128-1139.

[6] MASON A S A A. Peer-to-Peer inventory management of returnable transport items_A design[J]. Computers in industry, 2012, 3(63): 265-274.

[7] ILIC A, NG J W P, BOWMAN P, et al. The value of RFID for RTI management[J]. Electron markets. 2009, 19(2-3): 125-135.

[8] KIM T, GLOCK C H, KWON Y. A closed-loop supply chain for deteriorating products under stochastic container return times[J]. Omega, 2014, 43:

30-40.

[9] GLOCK C H. Decision support models for managing returnable transport items in supply chains: A systematic literature review[J]. International journal of production economics, 2017, 183: 561-569.

[10] GOVINDAN K, SOLEIMANI H, KANNAN D. Reverse logistics and closed-loop supply chain: A comprehensive review to explore the future[J]. European journal of operational research, 2015, 240(3): 603-626.

[11] CARRASCO-GALLEGO R, PONCE-CUETO E, DEKKER R. Closed-loop supply chains of reusable articles: A typology grounded on case studies[J]. International journal of production research, 2012, 50(19): 5582-5596.

[12] TWEDE D, CLARKE R. Supply chain issues in reusable packaging [J]. Journal of marketing channels, 2004, 1(12): 7-26.

[13] MOLLENKOPF D, CLOSS D, TWEDE D, et al. Assessing the viability of reusable packaging: A relative cost approach[J]. Journal of business logistics, 2011, 26 (1): 169-197.

[14] CORDEAU J, LEGATO P, MAZZA R M, et al. Simulation-based optimization for housekeeping in a container transshipment terminal [J]. Computers & operations research, 2015, 53: 81-95.

[15] ROY D, CARRANO A L, PAZOUR J A, et al. Cost-effective pallet management strategies[J]. Transportation research Part E: Logistics and transportation review, 2016, 93: 358-371.

[16] GRIMES-CASEY H G, SEAGER T P, THEIS T L, et al. A game theory framework for cooperative management of refillable and disposable bottle lifecycles[J]. Journal of cleaner production, 2007(17): 1618-1627.

[17] MENESATTI P, CANALI E, SPERANDIO G, et al. Cost and waste

comparison of reusable and disposable shipping containers for cut flowers[J]. Packaging technology and science, 2012, 25(4): 203-215.

[18] GUZMAN-SILLER C F T D. Differences in the perception of pallet systems between U. S. and canadian grocery retailers[J]. Journal of food distribution research, 2010, 41(3).

[19] LEVI M, CORTESI S, VEZZOLI C, et al. A comparative life cycle assessment of disposable and reusable packaging for the distribution of Italian fruit and vegetables[J]. Packag technol sci, 2011, 24 (7): 387-400.

[20] GOUDENEGE G, CHU C, JEMAI Z. Reusable containers management: From a generic model to an industrial case study[J]. Supply chain forum, 2013, 14 (2): 26-38.

[21] MAZEIKA BILBAO A, CARRANO A L, HEWITT M, et al. On the environmental impacts of pallet management operations[J]. Management research review, 2011, 34(11): 1222-1236.

[22] CARRANO A L, PAZOUR J A, ROY D, et al. Selection of pallet management strategies based on carbon emissions impact [J]. International journal of production economics, 2015, 164: 258-270.

[23] PALSSON H, FINNSGARD C, WÄNSTRÖM C. Selection of packaging systems in supply chains from a sustainability perspective-the case of Volvo [J]. Packaging technology & science, 2013, 26(5): 289-310.

[24] SARKAR B, ULLAH M, KIM N. Environmental and economic assessment of closed-loop supply chain with remanufacturing and returnable transport items[J]. Computers & industrial engineering, 2017, 111: 148-163.

[25] DOUNGPATTRA N, JARUPAN L, ONGKUNARUK P. Simulation for transport pallet cost reduction in pet food manufacturing: An empirical case study[J]. Packaging technology and science, 2012, 25(6): 311-319.

[26] DEL CASTILLO E, COCHRAN J K. Optimal short horizon distribution operations in reusable container systems [J]. Journal of the operational research society, 1996, 47(1): 48-60.

[27] KROON L, VRIJENS G. Returnable containers: An example of reverse logistics[J]. International journal of physical distribution & logistics management, 1995, 25(2): 56-68.

[28] CHEW E P, HUANG H C, HORIANA. Performance measures for returnable inventory: A case study[J]. PrOD PLAN CONTrol, 2002, 13 (5): 462-469.

[29] TSILIYANNIS C A. Parametric analysis of environmental performance of reused/recycled packaging [J]. Environ sci technol, 2005, 39 (24): 9770-9777.

[30] ATAMER B, BAKAL I S, BAYINDIR Z P. Optimal pricing and production decisions in utilizing reusable containers[J]. International journal of production economics, 2013, 143 (2): 222-232.

[31] BOTTANI E, MONTANARI R, RINALDI M, et al. Modeling and multi-objective optimization of closed loop supply chains: A case study [J]. Computers & industrial engineering, 2015, 87: 328-342.

[32] MASHAEI M, LENNARTSON B. Sustainable and robust control of cyclic pallet systems[J]. IEEE transactions on automation science and engineering, 2013, 10 (4): 916-927.

[33] NI L, HE Y, ZHOU L, et al. Robust control optimization of triple-echelon closed-loop pallet pool system in multi-uncertain environment[J]. Journal of information & computational science, 2015, 12 (7): 2635-2645.

[34] ELIA V, GNONI M G. Designing an effective closed loop system for pallet management [J]. International journal of production economics, 2015,

170: 730-740.

[35] CHOONG S T, COLE M H, KUTANOGLU E. Empty container management for intermodal transportation networks[J]. Transportation research Part E: Logistics and transportation review, 2002, 38 (6): 423-438.

[36] DUHAIME R, RIOPEL D, LANGEVIN A. Value analysis and optimization of reusable containers at Canada Post[J]. Interfaces, 2001, 31(3): 3-15.

[37] VLASSAK T H P. Improvement of the returnable transport item system in the floriculture sector by cooperation between stakeholders[D]. Eindhoven: Eindhoven University of Technology, 2014.

[38] CHISM C. Optimizing and benchmarking returnable container processes within an automotive distribution system[D]. Rochester: University of Rochester, 2010.

[39] SOYSAL M. Closed-loop inventory routing problem for returnable transport items[J]. Transportation research Part D: Transport & environment. 2016, 48: 31-45.

[40] IASSINOVSKAIA G, LIMBOURG S, RIANE F. The inventory-routing problem of returnable transport items with time windows and simultaneous pickup and delivery in closed-loop supply chains[J]. International journal of production economics, 2017, 183: 570-582.

[41] 任建伟. 托盘共用系统调度优化研究[D]. 成都: 西南交通大学, 2012.

[42] 徐琪. 物流托盘共用服务供应链系统及其优化管理[J]. 中国流通经济, 2010(3): 22-25.

[43] 徐琪. 物流托盘共用供应链系统协调优化定价策略[J]. 中国流通经济, 2011(7): 54-59.

[44] GOH T N, VARAPRASAD N. A statistical methodology for the analysis of the life-cycle of reusable containers[J]. IIE transactions, 1986, 18(1): 42-47.

[45] KELLE P, SILVER E A. Purchasing policy of new containers considering the random returns of previously issued containers[J]. IIE transactions, 1989, 21 (4): 349-354.

[46] BOJKOW E. Basic considerations on the calculation of the trippage number for returnable containers[J]. Packaging technology and science, 1991, 4 (6): 315-331.

[47] COBB B R. Estimating cycle time and return rate distributions for returnable transport items[J]. International journal of production research, 2016, 54(14): 4356-4367.

[48] COBB B R. Inventory control for returnable transport items in a closed-loop supply chain[J]. Transportation research Part E: Logistics and transportation review, 2016, 86: 53-68.

[49] BUCHANAN D J, ABAD P L. Optimal policy for a periodic review returnable inventory system[J]. IIE transactions, 1998, 30 (11): 1049-1055.

[50] GLOCK C H, KIM T. Container management in a single-vendor-single-buyer supply chain[J]. Logist res, 2014, 7(112).

[51] THOROE L, MELSKI A, SCHUMANN M. The impact of RFID on management of returnable containers[J]. Electronic markets, 2009, 19(2-3): 115-124.

[52] KIM T, GLOCK C H. On the use of RFID in the management of reusable containers in closed-loop supply chains under stochastic container return quantities[J]. Transportation research Part E: Logistics and transportation review, 2014, 64: 12-27.

[53] YUN W Y, LEE Y M, CHOI Y S. Optimal inventory control of empty containers in inland transportation system[J]. International journal of production economics, 2011, 133(1): 451-457.

[54] DEY O, GIRI B C. Optimal vendor investment for reducing defect rate in a vendor-buyer integrated system with imperfect production process[J]. International journal of production economics, 2014, 155: 222-228.

[55] UÇKUN C, KARAESMEN F, SAVAŞ S. Investment in improved inventory accuracy in a decentralized supply chain[J]. International journal of production economics, 2008, 113(2): 546-566.

[56] CUI L, DENG J, LIU F, et al. Investigation of RFID investment in a single retailer two-supplier supply chain with random demand to decrease inventory inaccuracy[J]. Journal of cleaner production, 2017, 142: 2028-2044.

[57] DATTA T K. Inventory system with defective products and investment opportunity for reducing defective proportion[J]. Operational Research, 2017, 17(1): 297-312.

[58] GAO C, CHENG T C E, SHEN H, et al. Incentives for quality improvement efforts coordination in supply chains with partial cost allocation contract[J]. International journal of production research, 2016, 54(20): 1-16.

[59] PORTEUS E L. Optimal lot sizing, process quality improvement and setup cost reduction[J]. Operations research, 1986, 34(1): 137-144.

[60] 贾涛，徐渝，陈方婕，等. 延时还款下投资减小订单成本的易腐品库存模型[J]. 运筹与管理，2012(6): 38-46.

[61] FERGUSON M, GUIDE V D R J, SOUZA G C. Supply chain coordination for false failure returns[J]. Manufacturing & service operations management, 2006, 8(4): 376-393.

[62] HUANG X, CHOI S, CHING W, et al. On supply chain coordination

for false failure returns: A quantity discount contract approach[J]. International journal of production economics, 2011, 133(2): 634-644.

[63] 张旭梅，田萍，沈娜利．制造商与零售商共同努力减少无缺陷退货的收益共享合同[J]. 技术经济，2010(5)：110-113.

[64] 李明芳，薛景梅，韩娜．基于双向激励契约的无缺陷退货供应链协调[J]. 系统管理学报，2015(6)：919-924.

[65] 孙军，孙亮．基于无缺陷退货的在线零售商运费承担策略研究[J]. 软科学，2014(6)：41-45.

[66] 张钦红，赵泉午，熊中楷．一种基于无缺陷退货的供应链协调机制研究[Z]. 中国青岛：20056.

[67] 汪峻萍，杨剑波，贾兆丽．基于无缺陷退货的网上销售易逝品供应链协调模型[J]. 中国管理科学，2013(6)：47-56.

[68] 贾涛，徐渝．基于无缺陷退货的供应链成本补贴策略[J]. 运筹与管理，2007(1)：131-136.

[69] 周若虹，张雪峰．基于无缺陷退货的闭环供应链网络均衡模型[J]. 曲阜师范大学学报(自然科学版)，2011(2)：40-45.

[70] 王娟．汽车行业容器共享平台模式研究[D]. 上海：上海交通大学，2013.

[71] GOYAL S K. An integrated inventory model for a single supplier-single customer problem[J]. The international journal of production research, 1977, 15(1): 107-111.

[72] BANERJEE A. A joint economic lot size model for purchaser and vendor[J]. Decision sciences, 1986, 17(3): 292-311.

[73] GOYAL S K. A one-vendor multi-buyer integrated inventory model: A comment[J]. European journal of operational research, 1995, 82(1): 209-210.

[74] HILL R M. The optimal production and shipment policy for the single-vendor single-buyer integrated production-inventory problem[J]. The international journal of production research, 1999, 37(11): 2463-2475.

[75] HUANG C K. An optimal policy for a single-vendor single-buyer integrated production-inventory problem with process unreliability consideration [J]. International journal of production economics, 2004, 91(1): 91-98.

[76] JHA J K, SHANKER K. Single-vendor multi-buyer integrated production-inventory model with controllable lead time and service level constraints [J]. Applied mathematical modelling, 2013, 37(4): 1753-1767.

[77] SHAH N H, SONI H N, PATEL K A. Optimizing inventory and marketing policy for non-instantaneous deteriorating items with generalized type deterioration and holding cost rates[J]. Omega, 2013, 41(2): 421-430.

[78] WOO Y Y, HSU S L, WU S. An integrated inventory model for a single vendor and multiple buyers with ordering cost reduction [J]. International journal of production economics, 2001, 73(3): 203-215.

[79] HOQUE M A. Synchronization in the single-manufacturer multi-buyer integrated inventory supply chain[J]. European journal of operational research, 2008, 188(3): 811-825.

[80] HOQUE M A. Generalized single-vendor multi-buyer integrated inventory supply chain models with a better synchronization [J]. International journal of production economics. 2011, 131(2): 463-472.

[81] 夏海洋，黄培清，张伟华. 联合经济批量模型中的损失补贴与利益分配问题研究[J]. 管理工程学报，2009(2): 74-79.

[82] KIM T, GLOCK C H, KWON Y, 2014. A closed-loop supply chain for deteriorating products under stochastic container return times [J]. Omega 2014, 43 (3): 30-40.

[83] GLOCK C H, KIM T. Safety measures in the joint economic lot size model with returnable transport items[J]. International journal of production economics, 2016, 181: 24-33.

[84] HARIGA M, GLOCK C H, KIM T. Integrated product and container inventory model for a single-vendor single-buyer supply chain with owned and rented returnable transport items[J]. International journal of production research, 2016, 54(7): 1964-1979.

[85] SCHRADY D A. A deterministic inventory model for reparable items [J]. Naval research logistics quarterly, 1967, 14(3): 391-398.

[86] TEUNTER R H. Economic ordering quantities for recoverable item inventory systems[J]. Naval research logistics, 2001, 48(6): 484-495.

[87] LENG M, ZHU A. Side-payment contracts in two-person nonzero-sum supply chain games: Review, discussion and applications[J]. European journal of operational research, 2009, 196(2): 600-618.

[88] KIMBROUGH E O, SHEREMETA R M. Side-payments and the costs of conflict[J]. International Journal of Industrial Organization, 2013, 31 (3): 278-286.

[89] PANDA S, MODAK N M, BASU M. Disposal cost sharing and bargaining for coordination and profit division in a three-echelon supply chain[J]. International journal of management science and engineering management, 2014, 9(4): 276-285.

[90] LEE J Y, CHO R K. Contracting for vendor-managed inventory with consignment stock and stockout-cost sharing[J]. International journal of production economics, 2014, 151: 158-173.

[91] BHASKARAN S R, KRISHNAN V. Effort, revenue, and cost sharing mechanisms for collaborative new product development[J]. Management science,

2009, 55(7): 1152-1169.

[92] 陶为群. “讨价还价”的“纳什解”的形成路径与结论拓展[J]. 经济数学, 2016(2): 62-67.

[93] 张李浩, 范体军. 供应链企业投资 RFID 技术的成本分摊研究[J]. 中国管理科学, 2014(4): 25-35.

[94] 孟卫东, 代建生, 熊维勤, 等. 基于纳什谈判的供应商-销售商联合促销线性合约设计[J]. 系统工程理论与实践, 2013(4): 870-877.

[95] 代建生, 范波. 基于纳什谈判的合作研发利益分配模型[J]. 研究与发展管理, 2015(1): 35-43.

[96] 李信儒, 冯军红, 李林. 基于协同创新项目整体利益的最优成本分摊研究[J]. 系统工程, 2016(10): 128-134.

[97] 张启平, 刘业政, 李勇军. 考虑受益性的固定成本分摊 DEA 纳什讨价还价模型[J]. 系统工程理论与实践, 2014(3): 756-768.

[98] 徐永安. 讨价还价模型的拓展分析[D]. 兰州: 西北师范大学, 2016.

[99] 卿前恺, 刘志学, 施文. 一个 VMI 系统中的纳什讨价还价模型[J]. 工业工程与管理, 2012(5): 90-96.

[100] WU K, OUYANG L, YANG C. Coordinating replenishment and pricing policies for non-instantaneous deteriorating items with price-sensitive demand[J]. International journal of systems science, 2009, 40(12): 1273-1281.

附　录

本书中的定理、引理证明及流程图

附录 3-A（定理 3-1 的证明）

我们需要证明 $TC_S^I(Q, n_p, y)$ 是凸函数，那么满足一阶导等于 0 的点 (Q_I^*, n_{pI}^*, y^*) 是 $TC_S^I(Q, n_p, y)$ 的全局最优解。通过 $TC_S^I(Q, n_p, y)$ 的海赛矩阵，我们可以证明 $TC_S^I(Q, n_p, y)$ 是凸函数。

$TC_S^I(Q, n_p, y)$ 的海赛矩阵如下：

$$h=\begin{bmatrix} \dfrac{\partial^2 TC_S^I}{\partial Q^2} & \dfrac{\partial^2 TC_S^I}{\partial Q\partial n_p} & \dfrac{\partial^2 TC_S^I}{\partial Q\partial y} \\ \dfrac{\partial^2 TC_S^I}{\partial n_p\partial Q} & \dfrac{\partial^2 TC_S^I}{\partial n_p^2} & \dfrac{\partial^2 TC_S^I}{\partial n_p\partial y} \\ \dfrac{\partial^2 TC_S^I}{\partial y\partial Q} & \dfrac{\partial^2 TC_S^I}{\partial y\partial n_p} & \dfrac{\partial^2 T}{\partial y^2} \end{bmatrix}$$

$$=\begin{bmatrix} \dfrac{2d(C_I+C_P n_p)}{Q^3} & -\dfrac{h_s y^2}{2n_p{}^2}-\dfrac{C_P d}{Q^2} & -\dfrac{h_u}{2}-h_s(1-y)+\dfrac{h_s y}{n_p} \\ -\dfrac{h_s y^2}{2n_p{}^2}-\dfrac{C_P d}{Q^2} & \dfrac{h_s Q y^2}{n_p{}^3} & -\dfrac{h_s Q y}{n_p{}^2} \\ -\dfrac{h_u}{2}-h_s(1-y)+\dfrac{h_s y}{n_p} & -\dfrac{h_s Q y}{n_p{}^2} & h_s Q+\dfrac{h_s Q}{n_p}+\dfrac{\eta}{y^2\delta} \end{bmatrix} \quad (3\text{-A-}1)$$

我们可以求出海赛矩阵的主子式。如果主子式都是正的，那么可以证明海赛矩阵是正定的。那么就可以证明 $TC_S^I(Q, n_p, y)$ 是凸函数。

$$D_1=\frac{2d(C_I+C_P n_p)}{Q^3}>0 \quad (3\text{-A-}2)$$

$$D_2=\left(\frac{2d(n_p C_P+C_I)}{Q^3}\right)\left(\frac{y^2 h_s Q}{n_p^3}\right)-\left(\frac{dC_P}{Q^2}-\frac{y^2 h_s}{2n_p^2}\right)\left(\frac{dC_P}{Q^2}-\frac{y^2 h_s}{2n_p^2}\right) \quad (3\text{-A-}3)$$

$$\frac{\partial TC(Q, n_p, y)}{\partial n_p}=\frac{dC_P}{Q}-\frac{Qy^2h_s}{2n_p^2} \tag{3-A-4}$$

令式(3-A-4)等于0，我们得到 $Q=\frac{\sqrt{2dC_P}\,n_p}{\sqrt{h_s}\,y}$，把 Q 代入式(3-A-3)，D_2 可以简化为

$$D_2=\frac{C_I y^4 h_s^2}{C_P n_p^5}>0 \tag{3-A-5}$$

$$\begin{aligned}D_3=&\left(\frac{2d(C_Pn_p+C_I)}{Q^3}\right)\left(\frac{Qy^2h_s}{n_p^3}\right)\left(\frac{Qh_s}{n_p}+Qh_s+\frac{\eta}{\delta y^2}\right)+\\&\left(-\frac{dC_P}{Q^2}-\frac{y^2h_s}{2n_p^2}\right)\left(-\frac{Qyh_s}{n_p^2}\right)\left(\frac{yh_s}{n_p}-(1-y)h_s-\frac{h_u}{2}\right)+\\&\left(-\frac{dC_P}{Q^2}-\frac{y^2h_s}{2n_p^2}\right)\left(-\frac{Qyh_s}{n_p^2}\right)\left(\frac{yh_s}{n_p}-(1-y)h_s-\frac{h_u}{2}\right)-\\&\left(\frac{yh_s}{n_p}-(1-y)h_s-\frac{h_u}{2}\right)\left(\frac{Qy^2h_s}{n_p^3}\right)\left(\frac{yh_s}{n_p}-(1-y)h_s-\frac{h_u}{2}\right)-\\&\left(-\frac{Qyh_s}{n_p^2}\right)\left(-\frac{Qyh_s}{n_p^2}\right)\left(\frac{2d(C_Pn_p+C_I)}{Q^3}\right)-\\&\left(-\frac{dC_P}{Q^2}-\frac{y^2h_s}{2n_p^2}\right)\left(-\frac{dC_P}{Q^2}-\frac{y^2h_s}{2n_p^2}\right)\left(\frac{Qh_s}{n_p}+Qh_s+\frac{\eta}{\delta y^2}\right)\end{aligned} \tag{3-A-6}$$

$TC(Q, n_p, y)$ 对 Q 的偏导数如下：

$$\frac{\partial TC(Q, n_p, y)}{\partial Q}=-\frac{d(C_Pn_p+C_I)}{Q^2}+\frac{y^2h_s}{2n_p}+\frac{1}{2}(1-y)^2h_s+\frac{1}{2}(1-y)h_u \tag{3-A-7}$$

把 Q 的表达式代入式(3-A-7)，令式(3-A-7)等于0，得到：

$$n_p=\frac{\sqrt{C_Ih_s}\,y}{\sqrt{y^2C_Ph_s-2yC_Ph_s+C_Ph_s-yC_Ph_u+C_Ph_u}}$$

将 Q 和 n_p 的表达式代入式(3-A-6)，D_3 可以简化如下：

$$D_3=\frac{C_I(d^2C_P^2)\left[4\eta\{(1-y)[h_s(1-y)+h_u]\}^{3/2}-\sqrt{2dC_I}\delta y^2h_u^2\right]}{(\delta Q^4y^2n_p)\{(1-y)[h_s(1-y)+h_u]\}^{3/2}}\tag{3-A-8}$$

令 $M=4\eta\left[(1-y)(h_s+h_u-yh_s)\right]^{3/2}-\sqrt{2dC_I}\delta y^2h_u^2$，则

$$\frac{\partial M}{\partial y}=-6\eta[2(1-y)h_s+h_u]\sqrt{C_P(1-y)[h_s(1-y)+h_u]}-2\delta yh_u^2\sqrt{2dC_IC_P}\tag{3-A-9}$$

由于 $0<y<1$，那么 $\frac{\partial M}{\partial y}<0$，$M$ 是一个减函数。由于 $0<y<y_0$，那么 $4\eta\left[(1-y_0)(h_s+h_u-y_0h_s)\right]^{3/2}-\sqrt{2dC_I}\delta {y_0}^2h_u^2>0$，则 $M>0$。

由此我们可以推出 $D_3>0$，海赛矩阵是正定的。即我们可以证明，如果 $4\eta\left[(1-y_0)(h_s+h_u-y_0h_s)\right]^{3/2}-\sqrt{2dC_I}\delta {y_0}^2h_u^2>0$ 成立，那么目标函数 $TC_S^I(Q, n_p, y)$ 是凸函数。

附录 3-B(定理 3-3 的证明)

$TC_S^{BI}(Q, n_p)$ 的海赛矩阵如下：

$$h=\begin{bmatrix}\frac{\partial^2TC_S^{BI}}{\partial Q^2} & \frac{\partial^2TC_S^{BI}}{\partial Q\partial n_p}\\ \frac{\partial^2TC_S^{BI}}{\partial n_p\partial Q} & \frac{\partial^2TC_S^{BI}}{\partial n_p^2}\end{bmatrix}=\begin{bmatrix}\frac{2d(C_I+C_Pn_p)}{Q^3} & -\frac{h_sy_0^2}{2{n_p}^2}-\frac{C_Pd}{Q^2}\\ -\frac{h_sy_0^2}{2{n_p}^2}-\frac{C_Pd}{Q^2} & \frac{h_sQy_0^2}{{n_p}^3}\end{bmatrix}\tag{3-B-1}$$

我们可以求出海赛矩阵的主子式。如果主子式都大于 0，那么海赛矩阵是正定的。

$$D_1=\frac{2d(C_I+C_Pn_p)}{Q^3}>0\tag{3-B-2}$$

$$D_2=\left(\frac{2d(n_pC_P+C_I)}{Q^3}\right)\left(\frac{y_0^2h_sQ}{n_p^3}\right)-\left(-\frac{dC_P}{Q^2}-\frac{y_0^2h_s}{2n_p^2}\right)\left(-\frac{dC_P}{Q^2}-\frac{y_0^2h_s}{2n_p^2}\right)\tag{3-B-3}$$

$TC_S^{BI}(Q, n_p)$对n_p的偏导数如下：

$$\frac{\partial TC_S^{BI}(Q, n_p)}{\partial n_p}=\frac{dC_P}{Q}-\frac{Qy_0^2h_s}{2n_p^2} \tag{3-B-4}$$

令其等于0，我们得到$Q=\frac{\sqrt{2dC_P n_p}}{\sqrt{h_s}y_0}$。将$Q$代入式(3-B-5)，$D_2$可以简化如下：

$$D_2=\frac{(C_I+C_Pn_p)y_0^4h_s^2}{C_Pn_p^5}>0 \tag{3-B-5}$$

所以海赛矩阵是正定的。

附录 3-C(定理 3-5 的证明)

对函数$(\Delta TC_V^I(\lambda))^{\beta}(\Delta TC_R^I(\lambda))^{1-\beta}$取对数，然后对$\lambda$求偏导，令其等于0，我们可以得到：

$$\beta\Delta TC_R^I(\lambda)\frac{\partial TC_V^I(Q^*, n_p^*, y^*, \lambda)}{\partial\lambda}-(1-\beta)\Delta TC_V^I(\lambda)\frac{\partial TC_R^I(Q^*, n_p^*, y^*, \lambda)}{\partial\lambda}=0 \tag{3-C-1}$$

根据式(3-21)和式(3-22)，我们得到：

$$TC_V^I(Q^*, n_p^*, y^*, \lambda)=TC_V^I(Q^*, n_p^*, y^*)+\lambda\frac{\eta}{\delta}\ln\left(\frac{y_0}{y^*}\right) \tag{3-C-2}$$

$$TC_R^I(Q^*, n_p^*, y^*, \lambda)=TC_R^I(Q^*, n_p^*, y^*)-\lambda\frac{\eta}{\delta}\ln\left(\frac{y_0}{y^*}\right) \tag{3-C-3}$$

将式(3-D-2)和式(3-D-3)代入式(3-D-1)，求解方程，我们得到：

$$\lambda=(1-\beta)\lambda_{\max}+\beta\lambda_{\min} \tag{3-C-4}$$

附录 4-A(引理 4-1 的证明)

$TC_S^I(Q, n_p, y_j)$对Q求偏导，我们得到：

$$\frac{\partial TC_S^I(Q,\ n_p,\ y_j)}{\partial Q}=\frac{h_s\left(\sum_{j=1}^{N}d_jy_j\right)^2}{2n_p\left(\sum_{j=1}^{N}d_j\right)^2}+\frac{h_s\left[\sum_{j=1}^{N}d_j(1-y_j)\right]^2}{2\left(\sum_{j=1}^{N}d_j\right)^2}+\frac{\sum_{j=1}^{N}d_jh_{uj}(1-y_j)}{2\sum_{j=1}^{N}d_j}-\frac{d(C_Pn_p+C_I)}{Q^2}\tag{4-A-1}$$

令式(4-A-1)等于0，我们得到：

$$Q^*=\sqrt{\frac{2n_p(C_Pn_p+C_I)\left(\sum_{j=1}^{N}d_j\right)^3}{h_sn_p\left[\sum_{j=1}^{N}d_j(1-y_j)\right]^2+H(y_j)+n_p\left(\sum_{j=1}^{N}d_j\right)\sum_{j=1}^{N}d_jh_{uj}(1-y_j)}}\tag{4-A-2}$$

其中 $H(y_j)=h_s\left(\sum_{j=1}^{N}d_jy_j\right)^2$。

$TC_S^I(Q,\ n_p,\ y_j)$ 对 Q 求二阶偏导，我们得到：

$$\frac{\partial^2 TC_S^I(Q,\ n_p,\ y_j)}{\partial Q^2}=\frac{2d(C_Pn_p+C_i)}{Q^3}>0\tag{4-A-3}$$

因此，对于固定的 n_p 和 y_i，$TC_S^I(Q,\ n_p,\ y_j)$ 对 Q 是凸的，在 $Q=Q^*$ 处达到全局最小值。

附录 4-B（引理 4-2 的证明）

对 $TC_S^I(Q,\ n_p,\ y_j)$ 求偏导，得到：

$$\frac{\partial TC_S^I(Q,\ n_p,\ y_j)}{\partial y_j}=\frac{Qd_jh_s\left(\sum_{j=1}^{N}d_jy_j\right)}{d^2n_p^2}-\frac{Qd_jh_s\left[\sum_{j=1}^{N}d_j(1-y_j)\right]}{d^2}-\frac{Qd_jh_{uj}}{2d}-\frac{\eta}{\delta_jy_j}-c_id_j+c_pd_j\tag{4-B-1}$$

令式(4-B-1)等于0，得到：

$$y_j = \frac{\eta}{\delta_j\left(\dfrac{Qd_jh_s\left(\sum\limits_{j=1}^{N} d_jy_j\right)}{n_p\left(\sum\limits_{j=1}^{N} d_j\right)^2} - \dfrac{Qd_jh_s\left(\sum\limits_{j=1}^{N} d_j(1-y_j)\right)}{\left(\sum\limits_{j=1}^{N} d_j\right)^2} - \dfrac{Qd_jh_{uj}}{2\sum\limits_{j=1}^{N} d_j} - c_id_j + c_pd_j\right)} \tag{4-B-2}$$

我们用下式更新 y_j 的值，其中 k 初始值为0，更新为 $k+1$，直到 y_i 达到一个稳定的值。

$$y_j^{(k+1)} = \frac{\eta}{\delta_j\left(\dfrac{Qd_jh_s\left(\sum\limits_{j=1}^{N} d_jy_j^{(k)}\right)}{n_p\left(\sum\limits_{j=1}^{N} d_j\right)^2} - \dfrac{Qd_jh_s\left(\sum\limits_{j=1}^{N} d_j(1-y_j^{(k)})\right)}{\left(\sum\limits_{j=1}^{N} d_j\right)^2} - \dfrac{Qd_jh_{uj}}{2\sum\limits_{j=1}^{N} d_j} - c_id_j + c_pd_j\right)} \tag{4-B-3}$$

由此，对于固定的 n_p 和给定的 Q，我们可以得唯一的 y_j，以最小化总成本函数 $TC_S^I(Q, n_p, y_j)$。

附录 4-C(定理 4-1 的证明)

我们暂时放宽 n_p 的整数限制。$TC_S^I(Q, n_p, y_j)$ 对 n_p 取一阶偏导和二阶偏导，得到：

$$\frac{\partial TC_S^I(Q, n_p, y_j)}{\partial n_p} = \frac{dC_P}{Q} - \frac{Qh_s\left(\sum\limits_{j=1}^{N} d_jy_j\right)^2}{2d^2n_p^2} \tag{4-C-1}$$

$$\frac{\partial^2 TC_S^I(Q, n_p, y_j)}{\partial n_p^2} = \frac{h_sQ\left(\sum\limits_{j=1}^{N} d_jy_j\right)^2}{d^2n_p^3} > 0 \tag{4-C-2}$$

因此，对于固定的 Q 和 y_j，$TC_S^I(Q, n_p, y_j)$ 对 n_p 是凸的。求解可复用物流容器的最优补货频率 n_p 简化为求解局部最小补货频率。

因此，我们从引理 4-1 和引理 4-2 中得到上述定理。

附录 4-D（求解过程的流程图）

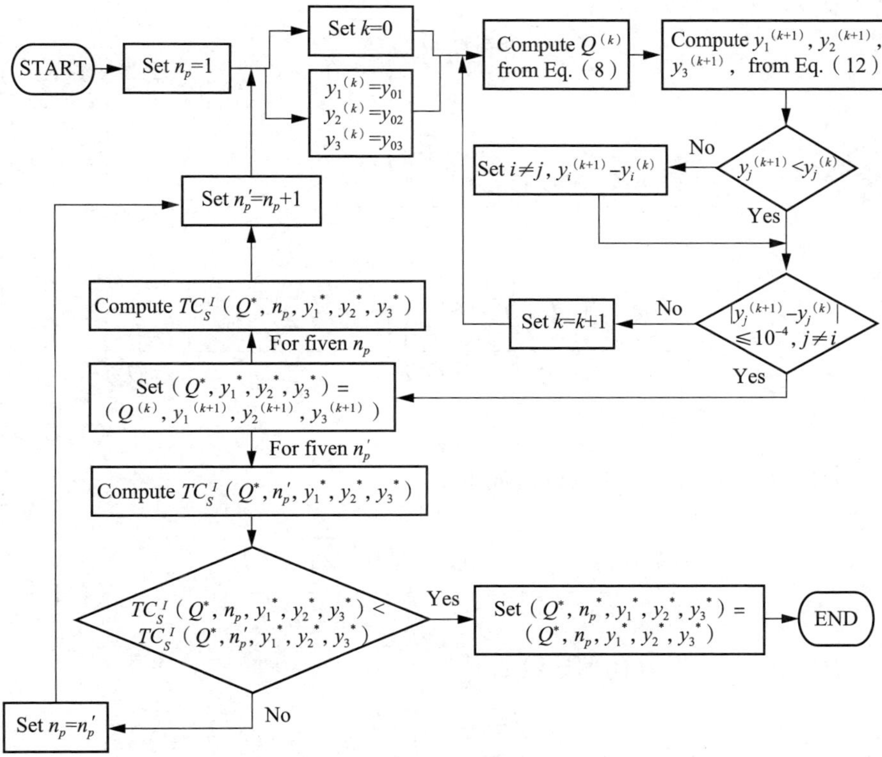

图 4-D-1　求解过程的流程图

附录 4-E（定理 4-2 的证明）

$TC_S^{NI}(Q,\ n_p)$ 的海赛矩阵：

$$h=\begin{bmatrix}\dfrac{\partial^2 TC_S^{NI}}{\partial Q^2} & \dfrac{\partial^2 TC_S^{NI}}{\partial Q\partial n_p}\\[2ex] \dfrac{\partial^2 TC_S^{NI}}{\partial n_p\partial Q} & \dfrac{\partial^2 TC_S^{NI}}{\partial n_p^2}\end{bmatrix}=\begin{bmatrix}\dfrac{2d(C_I+C_P n_p)}{Q^3} & -\dfrac{h_s\left(\sum\limits_{j=1}^{N}d_j y_{0j}\right)^2}{2d^2n_p^2}-\dfrac{dc_p}{Q^2}\\[3ex] -\dfrac{h_s\left(\sum\limits_{j=1}^{N}d_j y_{0j}\right)^2}{2d^2n_p^2}-\dfrac{dc_p}{Q^2} & \dfrac{Qh_s\left(\sum\limits_{j=1}^{N}d_j y_{0j}\right)^2}{d^2n_p^3}\end{bmatrix}$$

（4-E-1）

我们可以求出函数海赛矩阵的主子式。如果主子式都是正的，那么海赛矩阵就是正定的。

$$D_1 = \frac{2d(C_I + C_P n_p)}{Q^3} > 0 \tag{4-E-2}$$

$$D_2 = \frac{2d(n_p C_P + C_I)}{Q^3} \frac{Qh_s\left(\sum_{j=1}^{N} d_j y_{0j}\right)^2}{d^2 n_p^3} - \left(-\frac{h_s\left(\sum_{j=1}^{N} d_j y_{0j}\right)^2}{2d^2 n_p^2} - \frac{dc_p}{Q^2}\right)\left(-\frac{h_s\left(\sum_{j=1}^{N} d_j y_{0j}\right)^2}{2d^2 n_p^2} - \frac{dc_p}{Q^2}\right) \tag{4-E-3}$$

$TC_S^{NI}(Q,\ n_p)$对 n_p 的偏导数如下：

$$\frac{\partial TC_S^{NI}(Q,\ n_p)}{\partial n_p} = \frac{dc_p}{Q} - \frac{Qh_s\left(\sum_{j=1}^{N} d_j y_{0j}\right)^2}{2d^2 n_p^2} \tag{4-E-4}$$

$TC_S^{NI}(Q,\ n_p)$对 Q 的偏导数如下：

$$\frac{\partial TC_S^{NI}(Q,\ n_p)}{\partial Q} = \frac{h_s\left(\sum_{j=1}^{N} d_j y_{0j}\right)^2}{2d^2 n_p} + \frac{h_s\left(\sum_{j=1}^{N} d_j (1 - y_{0j})\right)^2}{2d^2} + \frac{\sum_{j=1}^{N} d_j h_{uj}(1 - y_{0j})}{2d} - \frac{d(C_P n_p + C_I)}{Q^2} \tag{4-E-5}$$

令式(4-E-4)等于0，得到 $Q = \frac{\sqrt{2c_p d^3 n_p}}{\sqrt{h_s}\sum_{j=1}^{N} d_j y_{0j}}$，将其代入式(4-E-3)，$D_2$ 可以简化为

$$D_2 = \frac{C_I h_s^2\left(\sum_{j=1}^{N} d_j y_{0j}\right)^4}{d^4 C_P n_p^5} > 0 \tag{4-E-6}$$

所以海赛矩阵是正定的。

令式(4-E-5)等于0，将 Q 的表达式代入式(4-E-5)，得到 n_p 的最优值：

$$n_p=\frac{\sqrt{C_I h_s}\sum_{j=1}^{N}d_j y_{0j}}{\sqrt{C_P h_s\left(\sum_{j=1}^{N}d_j(1-y_{0j})\right)^2+dC_P\sum_{j=1}^{N}d_j h_{uj}(1-y_{0j})}} \tag{4-E-7}$$

将 n_p 的最优值代入 Q 的表达式，得到 Q 的最优值：

$$Q=\frac{\sqrt{2C_I d^3}}{\sqrt{h_s\left(\sum_{j=1}^{N}d_j(1-y_{0j})\right)^2+d\sum_{j=1}^{N}d_j h_{uj}(1-y_{0j})}} \tag{4-E-8}$$

由于 $Q_j=\frac{Qd_j}{d}$，零售商 j 在每周期收到的可复用物流容器的最优数量如下：

$$Q_j=\frac{\sqrt{2C_I d}\,d_j}{\sqrt{h_s\left(\sum_{j=1}^{N}d_j(1-y_{0j})\right)^2+d\sum_{j=1}^{N}d_j h_{uj}(1-y_{0j})}} \tag{4-E-9}$$

附录 5-A(引理 5-1 的证明)

$TC_S^E(T,\ n,\ e)$ 对 e 求偏导，得到：

$$\frac{\partial TC(T,\ n,\ e)}{\partial e}=\frac{(e-1)k}{T}+\frac{(1-\alpha)dc_i}{e^2}-\frac{(1-\alpha)dc_p}{e^2}-\frac{(1-\alpha)^2 dTh_s}{e^3 n}+\frac{dh_s T(1-\alpha)\left(1-\frac{1-\alpha}{e}\right)}{e^2}+\frac{(1-\alpha)dTh_u}{2e^2} \tag{5-A-1}$$

化简得到：

$$\frac{\partial TC(T,\ n,\ e)}{\partial e}=\frac{edTn(1-\alpha)\left(c_i-c_p+T(h_s+\frac{h_u}{2})\right)}{e^3 nT}+\frac{-dh_s\ (\alpha-1)^2(n+1)T^2+kne^4-kne^3}{e^3 nT} \tag{5-A-2}$$

我们从式(5-A-2)中构造一个辅助函数 $g(e)$，$e\in[1,\ \infty]$。

$$g(e)=edTn(1-\alpha)\left(c_i-c_p+T\left(h_s+\frac{h_u}{2}\right)\right)-dh_s(\alpha-1)^2(n+1)T^2+kne^4-kne^3 \tag{5-A-3}$$

$g(e)$对 e 求偏导，得到：

$$\frac{\partial g(e)}{\partial e}=kn\left(4e^3-3e^2+\frac{(1-\alpha)dnT\left(c_i-c_p+T\left(h_s+\frac{h_u}{2}\right)\right)}{kn}\right) \tag{5-A-4}$$

为了方便标记，令

$$T_l=\frac{c_p-c_i}{h_s+\frac{h_u}{2}},\ T_r=\frac{c_p-c_i}{h_s\left(\alpha+\frac{\alpha-1}{n}\right)+\frac{h_u}{2}} \tag{5-A-5}$$

假设 $c_p-c_i>0$。

如果 $T>T_l$，我们得到$\frac{\partial g(e)}{\partial e}>0$，$\forall e>1$。因此，当 $T>T_l$，对于 $e\in[1,\infty]$，$g(e)$是严格增函数。

$$g(1)=(1-\alpha)dT\left(nc_i-nc_p+T\left(h_s(\alpha+\alpha n-1)+\frac{nh_u}{2}\right)\right) \tag{5-A-6}$$

由于我们假定 $\alpha>\frac{1}{2}$，则 $\alpha+\alpha n-1>0$。

令 $g(1)<0$，我们得到 $T<T_r$。

我们可以得到 $\lim\limits_{e\to+\infty}g(e)=+\infty$。

(a)如果 $T_l\leqslant T<T_r$，则我们得到 $g(1)<0$ 和 $\lim\limits_{e\to+\infty}g(e)=+\infty$。使用中间值定理，存在唯一的 e^* 使得 $g(e)=0$。e^* 是$\frac{\partial TC(T,n,e)}{\partial e}=0$ 的解。

令式(5-A-1)等于 0，得到：

$$\frac{(1-\alpha)dc_i}{e^2}-\frac{(1-\alpha)dc_p}{e^2}-\frac{(1-\alpha)^2dTh_s}{e^3n}+\frac{(1-\alpha)dT\left(1-\frac{1-\alpha}{e}\right)h_s}{e^2}+\frac{(1-\alpha)dTh_u}{2e^2}=-\frac{(e-1)k}{T} \tag{5-A-7}$$

$TC_S^E(T, n, e)$ 对 e 的二阶偏导为

$$\frac{\partial^2 TC_S^E(T, n, e)}{\partial e^2} = -\frac{2}{e}\left(\frac{(1-\alpha)dTh_u}{2e^2}+\frac{(1-\alpha)dT\left(1-\frac{1-\alpha}{e}\right)h_s}{e^2}\right)-\frac{2}{e}\left(\frac{(1-\alpha)dc_i}{e^2}-\frac{(1-\alpha)dc_p}{e^2}-\frac{(1-\alpha)^2dTh_s}{e^3n}\right)+\frac{(1-\alpha)^2dTh_s}{e^4n}+\frac{(1-\alpha)^2dTh_s}{e^4}+\frac{k}{T} \tag{5-A-8}$$

将式(5-A-7)代入式(5-A-8)，得到：

$$\left[\frac{\partial^2 TC_S^E(T, n, e)}{\partial e^2}\right]_{e=e^*} = \frac{(1-\alpha)^2dTh_s}{e^4n}+\frac{(1-\alpha)^2dTh_s}{e^4}+\frac{2(e-1)k}{eT}+\frac{k}{T}>0 \tag{5-A-9}$$

因此，如果 $T_l \leqslant T < T_r$，e^* 是 $TC_S^E(T, n, e)$ 的最优解。

(b)如果 $T \geqslant T_r$，我们得到 $g(1)>0$，$\lim\limits_{e\to+\infty} g(e)=+\infty$。当 $T \geqslant T_r$，$T>T_l$ 成立，因为$\forall$ $n \geqslant 1$，所以 $T_r>T_l$ 成立。

$\frac{\partial g(e)}{\partial e}>0$，所以 $g(e)$ 是严格增函数。因此，$TC(T, n, e)$ 的最小值在 $e=1$ 处取得。

(c)如果 $T<T_l$，我们得到 $g(1)<0$，$\lim\limits_{e\to+\infty} g(e)=+\infty$。通过求解$g(e)=0$ 得到 e^*。求解满足$\frac{\partial g(e)}{\partial e}>0$ 的区间。

如果 e^* 在这个区间内，那么 $g(e)$ 是严格增函数。使用中间值定理，存在唯一的 e^* 使得 $g(e)=0$。否则，求得满足$\frac{\partial g(e)}{\partial e}<0$ 的区间，即 $1<e<\sup[e]$，其中 $\sup[e]$ 是 e 满足$\frac{\partial g(e)}{\partial e}<0$ 的上确界。那么 $g(e)$ 是严格减函数，因此 $TC(T, n, e)$ 的最小值在 $e=\sup[e]$处取得。

附录 5-B(引理 5-2 的证明)

$TC_S^E(T, n, e)$ 对 T 的偏导如下：

$$\frac{\partial TC(T, n, e)}{\partial T}=-\frac{(e-1)^2k}{2T^2}-\frac{C_Pn+C_I}{T^2}+dh_s\frac{(1-\alpha)^2}{2e^2n}+\frac{1}{2}dh_s\left(1-\frac{1-\alpha}{e}\right)^2+\frac{1}{2}dh_u\left(1-\frac{1-\alpha}{e}\right) \quad (5-B-1)$$

令 $\frac{\partial TC(T, n, e)}{\partial T}=0$，对于固定的 n 和给定的 e^*，T 的最优值推导出：

$$T^*=\sqrt{\frac{e^{*2}n(2nC_P+2C_I+(e^*-1)^2k)}{d(h_s((\alpha-1)^2+n(\alpha+e^*-1)^2)+e^*h_un(\alpha+e^*-1))}} \quad (5-B-2)$$

对于固定的 n 和给定的 $e^*\in[1, \infty]$，$TC_S^E(T, n, e)$ 对 T 是凸的，由于

$$\frac{\partial^2 TC_S^E(T, n, e)}{\partial T^2}=\frac{2C_I+C_Pn}{T^3}+\frac{(e^*-1)^2k}{T^3}>0 \quad (5-B-3)$$

因此，对于固定的 n 和给定的 $e^*\in[1, \infty]$，T^* 是使总成本函数 $TC_S^E(T, n, e)$ 最小化的全局最优值。

附录 5-C 定理 5-2 的证明

$TC_S^{NE}(T, n)$ 的海赛矩阵如下：

$$h=\begin{bmatrix}\frac{\partial^2 TC_S^{NE}}{\partial T^2} & \frac{\partial^2 TC_S^{BI}}{\partial T\partial n}\\ \frac{\partial^2 TC_S^{NE}}{\partial n\partial T} & \frac{\partial^2 TC_S^{BI}}{\partial n^2}\end{bmatrix}=\begin{bmatrix}\frac{2(C_I+C_Pn)}{T^3} & -\frac{dh_s(1-\alpha)^2}{2n^2}-\frac{C_P}{T^2}\\ -\frac{dh_s(1-\alpha)^2}{2n^2}-\frac{C_P}{T^2} & \frac{dh_sT(1-\alpha)^2}{n^3}\end{bmatrix} \quad (5-C-1)$$

我们可以求出海赛矩阵的主子式。如果所有的主子式都是正的，海赛矩阵就是正定的。

$$D_1=\frac{2(C_I+C_Pn)}{T^3}>0 \quad (5-C-2)$$

$$D_2=\left(\frac{2(nC_P+C_I)}{T^3}\right)\left(\frac{(1-\alpha)^2dh_sT}{n^3}\right)-\left(-\frac{C_P}{T^2}-\frac{(1-\alpha)^2dh_s}{2n^2}\right)\left(-\frac{C_P}{T^2}-\frac{(1-\alpha)^2dh_s}{2n^2}\right)\tag{5-C-3}$$

$TC_S^{NE}(T, n)$对 T 的偏导如下：

$$\frac{\partial TC_S^{NE}(T, n)}{\partial T}=-\frac{nC_P+C_I}{T^2}+\frac{(1-\alpha)^2dh_s}{2n}+\frac{1}{2}\alpha^2dh_s+\frac{1}{2}\alpha dh_u\tag{5-C-4}$$

令式(5-C-4)等于 0，得到：

$$T=\frac{\sqrt{2C_Pn}}{\sqrt{\alpha^2dh_s-2\alpha dh_s+dh_s}}\tag{5-C-5}$$

将式(5-C-5)代入式(5-C-3)，D_2 可以简化为

$$D_2=\frac{(1-\alpha)^2dh_s(C_Pn_p+C_I)(\alpha^2dh_s-2\alpha dh_s+dh_s)}{C_Pn_p^5}-\frac{(1-\alpha)^4d^2h_s^2}{n_p^4}\tag{5-C-6}$$

$TC_S^{NE}(T, n)$对 T 的偏导为

$$\frac{\partial TC_S^{NE}(T, n)}{\partial T}=-\frac{nC_P+C_I}{T^2}+\frac{(1-\alpha)^2dh_s}{2n}+\frac{1}{2}\alpha^2dh_s+\frac{1}{2}\alpha dh_u\tag{5-C-7}$$

将式(5-C-5)代入式(5-C-7)，令式(5-C-7)等于 0，得到：

$$n=\sqrt{\frac{C_Ih_s}{\alpha C_P(\alpha h_s+h_u)}}\tag{5-C-8}$$

将式(5-C-8)代入式(5-C-5)，可以简化为

$$T=\sqrt{\frac{2C_I}{\alpha d(\alpha h_s+h_u)}}\tag{5-C-9}$$

将式(5-C-8)代入式(5-C-6)，D_2 可以简化为

$$D_2=\frac{d^2(\alpha C_P(\alpha h_s+h_u))^{5/2}}{(1-\alpha)C_I^{3/2}C_Ph_s^{1/2}}>0\tag{5-C-10}$$

所以海赛矩阵是正定的。

即我们可以证明目标函数 $TC_S^{NE}(T, n)$ 是凸函数。

附录 6-A(引理 6-1 的证明)

$TC_S^E(T_I, T_P, e)$ 对 T_P 的一阶导如下：

$$\frac{\partial TC_S^E(T_I, T_P, e)}{\partial T_P}=\frac{1}{2}dh_p\left(1-\beta\left(1-\frac{1-\alpha}{e}\right)\right)-\frac{wC_P}{T_P^2} \tag{6-A-1}$$

令式(6-A-1)等于 0，得到：

$$T_P^*=\sqrt{-\frac{2ewC_P}{dh_p((\alpha-1)\beta+(\beta-1)e)}} \tag{6-A-2}$$

$TC_S^E(T_I, T_P, e)$ 对 T_P 的二阶导如下：

$$\frac{\partial^2 TC_S^E(T_I, T_P, e)}{\partial T_P^2}=\frac{2wC_P}{T_P^3}>0 \tag{6-A-3}$$

因此，对于固定的 T_I 和 e，$TC_S^E(T_I, T_P, e)$ 对 T_P 是凸函数，在 $T_I=T_I^*$ 处取得最小值。

$TC_S^E(T_I, T_P, e)$ 对 T_I 的一阶导如下：

$$\frac{\partial TC(T_I, T_P, e)}{\partial T_I}=\frac{\beta D\left(1-\frac{1-\alpha}{e}\right)h_r(\beta i-r)}{2rw}+\frac{\beta ih_s\left(r-\beta d\left(1-\frac{1-\alpha}{e}\right)\right)}{2r}+\frac{h_u\left(i-d\left(1-\frac{1-\alpha}{e}\right)\right)}{2}-\frac{D(C_R+C_I)\left(1-\frac{1-\alpha}{e}\right)}{iT_I^2} \tag{6-A-4}$$

令式(6-A-4)等于 0，得到：

$$T_I^*=\sqrt{\frac{2drw(C_R+C_i)(\alpha+e-1)}{i(eir(\beta h_s+h_u)-d(\alpha+e-1)(\beta(h_r(r-\beta i)+\beta ih_s)+rh_u))}} \tag{6-A-5}$$

$TC_S^E(T_I, T_P, e)$ 对 T_I 的二阶导如下：

$$\frac{\partial^2 TC_S^E(T_I, T_P, e)}{\partial T_I^2}=2D(C_R+C_I)\left(1-\frac{1-\alpha}{e}\right)>0 \tag{6-A-6}$$

因此，对于固定的 T_P 和 e，$TC_S^E(T_I, T_P, e)$ 对 T_I 是凸函数，在 $T_I=T_I^*$ 处取得最小值。

附录 6-B(引理 6-2 的证明)

$TC_S^E(T_I, T_P, e)$ 对 e 的偏导为

$$\frac{\partial TC(T_I, T_P, e)}{\partial e}=\frac{(1-\alpha)dw(c_i+\beta(-c_p+c_r+s)-s)}{e^2}+\frac{(1-\alpha)dw(C_R+C_i)}{e^2 iT_I}+\frac{1}{2}T_I\frac{(1-\alpha)\beta dh_r(\beta i-r)}{e^2 r}-\frac{1}{2}T_I\left(\frac{(1-\alpha)\beta^2 dih_s}{e^2 r}+\frac{(1-\alpha)dh_u}{e^2}\right)-\frac{(1-\alpha)\beta dh_p T_P}{2e^2}+(e-1)k \tag{6-B-1}$$

将 T_I^* 和 T_P^* 代入式(6-B-1)，令其等于 0，可求得的解($e>1$)。

附录 6-C(定理 6-2 的证明)

$TC_S^{NE}(T_I, T_P)$ 的海赛矩阵如下：

$$h=\begin{bmatrix}\frac{\partial^2 TC_S^{NE}}{\partial T_I^2} & \frac{\partial^2 TC_S^{NE}}{\partial T_I\partial T_P}\\ \frac{\partial^2 TC_S^{NE}}{\partial T_P\partial T_I} & \frac{\partial^2 TC_S^{NE}}{\partial T_P^2}\end{bmatrix}=\begin{bmatrix}\frac{2\alpha D(C_R+C_I)}{iT_I^3} & 0\\ 0 & \frac{2wC_P}{T_P^3}\end{bmatrix} \tag{6-C-1}$$

我们可以求出海赛矩阵的主子式。如果主子式都大于 0，那么海赛矩阵是正定的。

$$D_1=\frac{2\alpha D(C_R+C_I)}{iT_I^3}>0 \tag{6-C-2}$$

$$D_2=\left(\frac{2\alpha D(C_R+C_I)}{iT_I^3}\right)\left(\frac{2wC_P}{T_P^3}\right)>0 \tag{6-C-3}$$

所以海赛矩阵是正定的。

后 记

工作八年之后，我又回到校园开始学生生活，首先要感谢我的导师徐贤浩教授给予我机会，让我能够再次回到教室。导师徐贤浩教授为我们提供了良好的科研环境，在实验室营造浓厚的科研氛围，制定严格的实验室制度，让团队成员能够更好地开展科研工作。

读博的这些年，能够经过一段相对长久且清净的科研历程，整日浸润在英文论文中，从最开始只能看懂摘要和结论，到最后终于能看懂一篇完整的论文，以及能够自己开始动手写完整的论文，从最初对科研的懵懵懂懂到后来终于可以自己提出研究问题，得益于导师徐贤浩教授对我们的循循善诱。犹记得，博一的第一次研讨会时，我拿着一本书说接下来一周的计划是看这本书，导师对这种汇报方式进行了批评教育，看到其他师兄师姐的汇报，我逐渐了解到研讨会的正确“打开”方式。每周一次的研讨会上，导师都会认真地做记录，引导大家明确研究问题，开拓创新点，推进团队成员的研究进展。

感谢导师为我们邀请的法国里昂商学院的龚业明教授，龚教授悉心地指导了大家的科研工作。通过即时通信软件，龚教授与我们进行了初期的交流，他经常用正面的语言鼓励我们，让我们在科研初期的迷茫中有信心继续前行。后期龚教授在国内也经常与我们交流，他传授给我们西方先进的科研理念，教我们论文的范式，为我们的科研工作提供了很好的指导。

感谢导师邀请 Rene 教授为我们指导论文，他严谨的科研态度、缜密的思维和平易近人的作风给整个 330 实验室留下了深刻的印象。

感谢 330 实验室的兄弟姐妹，在科研的道路上有你们相伴。感谢沈古文师兄，循着他的那篇论文，我得以发表自己的第一篇论文。感谢邹碧攀师兄，在我开始写第一篇论文的时候，他提供了很多帮助，对我论文的英文写作给出了很多细致的修改。感谢柏庆国师兄，在读博期间给大家很多有益的建议，以及在我后期的论文写作中他推荐的英文文献对我的模型求解有很大的帮助。感谢同门吴光梅，我们一同入学，在学习和生活中她给予我很多帮助。感谢赵晓振和秦进师兄，为实验室的日常提供了很多便利。感谢硕士生罗谦、徐施福、郭依、童婧、毛露、王倩、邓恢志，他们给实验室增添了许多欢乐。

感谢导师管理学院经常组织学术论坛，邀请知名学者做学术讲座，让我们能够近距离聆听知名学者的真知灼见。感谢管理学院以及我们的导师徐贤浩教授提供资助让我们去参加国际会议，让我们增长了见识、开阔了视野。

感谢华中科技大学管理学院的定清教授、刘志学教授、胡鹏教授和徐和教授在开题期间提出的宝贵意见。

读博的过程是艰辛的，尤其是最开始的阶段，研究问题不明确，也没有学会具体的研究方法。实验室里堆积的论文记录了我们在实验室奋斗的过程。晚上离开实验室，抬头看看天，舒展一下身体，想着这一天又过去了，可是研究依然没有进展。校园的小路安静又笔直，连接着实验室和宿舍。感谢我读博期间的室友们，舒缓了读博的苦闷和孤独。

感谢我的老公和公公婆婆，在我读博期间承担起我本应承担的责任，感谢我的儿子包容了成长中妈妈的缺席。感谢《克里斯汀的一生》的作者，促使我决定再次当母亲。感谢我的女儿，她喜欢睡觉，让我能够有时间完成论文。感谢悠长的读博时光，让我有时间看了一些以前没看过的书和电影，感谢网易云音乐，音乐的陪伴，让写论文也变得斗志昂扬。感谢爸爸妈妈，他们帮忙照顾女儿，和爸爸妈妈住到一起，就像回到了小时候。感谢妹妹妹夫，在读博的最后期间为我提供的生活便利，让我得以继续和女儿在一起。